はじめてでも美しく仕上がる

庭木・花木の剪定

川原田邦彦 監修
磯村仁穂 イラスト

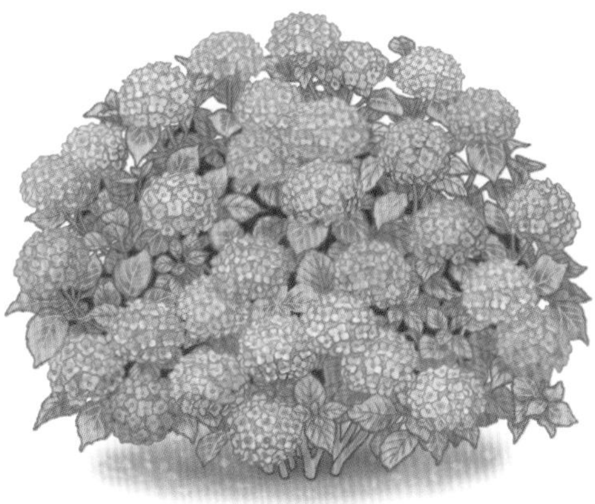

西東社

もくじ

Part 2

人気の庭木 基本の剪定

35

花を楽しむ花木

実を楽しむ庭木

枝を楽しむ 落葉樹

葉を楽しむ 常緑樹

樹形を楽しむ 針葉樹

本書の見方

樹木名

一般的に使われる呼び名をカタカナで表記しています。（　）内は同じように剪定できる樹木名です。

季節のアイコン

剪定に適した時期を示しています。春剪定・夏剪定・冬剪定・通年剪定のアイコンがあり、それぞれの時期に行う剪定をイラストで示しています。ひとつのイラストに季節のアイコンが複数並んでいるものもありますが、剪定はいずれかの時期に1回行います。

剪定イラスト

季節ごとの剪定方法をイラストで紹介しています。イラストでは剪定するべき枝をピンク色で示しています。イラストは、剪定すべき枝をわかりやすく見せるために、実際の樹木よりも枝や葉の数を減らしています。

剪定方法の説明

イラストに合わせて、剪定の仕方、剪定のポイントなどを解説しています。庭木の状態によって必要な番号の剪定を適宜行ってください。番号は剪定の手順を示したものではなく、解説している内容は必ずしもすべて行う必要はありません。

基本データ

樹木の基本的なデータを記載しています。

科　属：生物学上の分類で、科名と属名を表記しています。

タイプ：樹木の性質上の分類で、落葉広葉樹・常緑広葉樹・常緑針葉樹があります。

樹　形：樹木の全体的な外形で、株立ち・幹立ち・つる性があります。

樹　高：成木になったときのおおよその高さです。

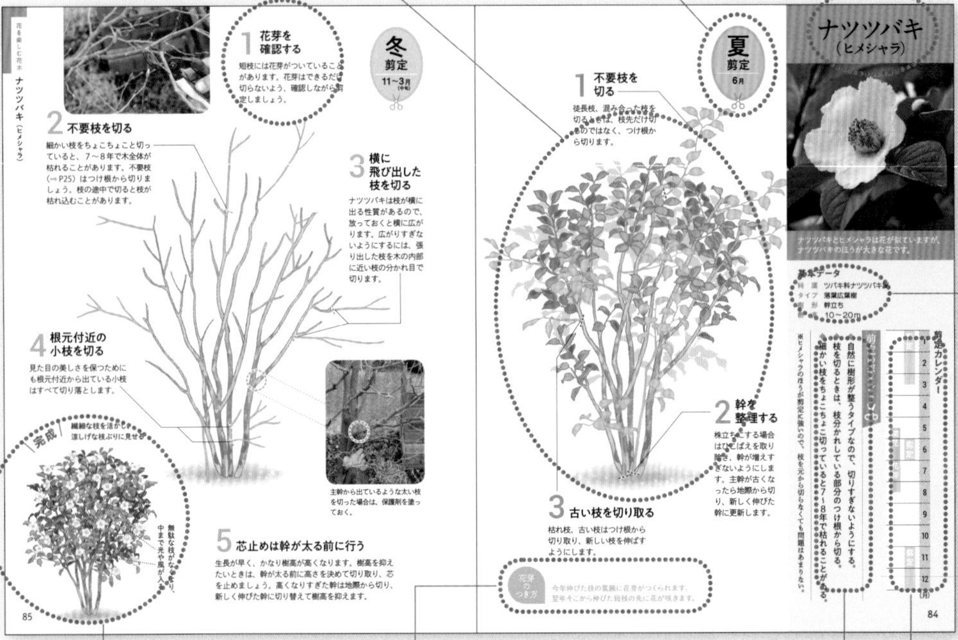

ナツツバキ
（ヒメシャラ）
夏
剪定
6月
1 不要枝を切る
2 幹を整理する
3 古い枝を切り取る
枯れ枝、古い枝はつけ根から切り取り、新しい枝を伸ばすようにします。
ナツツバキとヒメシャラは花が似ていますが、ナツツバキのほうが大きな花です。
基本データ
タイプ 落葉広葉樹
樹形 幹立ち
自然に樹形が整うタイプなので、切りすぎないようにする。
枝を切るときは、枝分かれしている部分のつけ根から切る。
剪定カレンダー
84
冬
剪定
11～3月
1 花芽を確認する
2 不要枝を切る
細かい枝をちょこちょこと切っていると、7～8年で木全体が枯れることがあります。不要枝（⇒P25）はつけ根から切りましょう。枝の途中で切ると枝が枯れ込むことがあります。
3 横に飛び出した枝を切る
ナツツバキは枝が横に出る性質があるので、放っておくと横に広がります。広がりすぎないようにするには、張り出した枝を木の内部に近い枝の分かれ目で切ります。
4 根元付近の小枝を切る
見た目の美しさを保つためにも根元付近から出ている小枝はすべて切り落とします。
主幹から出ているような太い枝を切った場合は、保護剤を塗っておく。
完成
5 芯止めは幹が太る前に行う
生長が早く、かなり樹高が高くなります。樹高を抑えたいときは、幹が太る前に高さを決めて切り取り、芯を止めましょう。高くなりすぎた幹は地際から切り、新しく伸びた幹に切り替えて樹高を抑えます。
85

剪定カレンダー

剪定時期と樹木の状態を示しています。

剪定　剪定するのに適している時期を示しています。

花芽　花芽分化の時期を示しています。
※花芽分化とは、新芽が花芽として形成されることです。

開花　花が咲いて観賞を楽しめる時期を示しています。

実　実が楽しめる樹木はその時期を示しています。

果実　果樹は果実の収穫時期を示しています。

摘果　果実の間引きに適している時期を示しています。

紅葉　紅葉の観賞を楽しめる時期を示しています。

剪定のポイント

剪定をする上で、知っておくべきこと、気をつけたいことを紹介しています。

花芽のつき方

それぞれの樹木の花芽のできる時期や位置を解説しています。写真で実際の花芽を紹介している樹木もあります。

完成イラスト

庭木として理想とする姿をイラストにしました。枝ぶりや樹高、花や葉、実のつき方は個体差がありますし、自然樹形か人工樹形かによっても見た目は変わります。ひとつの例として参考にしてください。

Part 1

庭木と剪定の基礎知識

Part1では、庭木の剪定をする前に知っておきたいことをまとめました。
自然の中にある木と庭木の違い、木の種類や生長サイクル、病害虫のことなど
樹木に関する基礎的な知識を知ることができます。
また、剪定にありがちなトラブルや一般的な剪定方法、剪定道具の紹介など、
剪定に関する基本的なことも確認できます。

庭木ってなんだろう？

実用性を備えた観賞のための樹木

庭木とは、庭に植えられ、その環境で育っている樹木のことです。花壇の草花とは違い、葉の色や形、花などを観賞するほかに、実用性を求められることもあります。

たとえば、道路や隣家との境目に植えれば外部からの視線をさえぎる目隠しになりますし、枝が横に広がるタイプのものは強い光を避ける日よけの役割を果たしてくれます。

もちろん、鑑賞や収穫も庭木を植える楽しみのひとつです。花の姿や香りを楽しんだり、実を収穫したりするほか、四季折々の葉の様子や枝ぶりを愛でる楽しみもあります。

庭木は期待する役割によって、剪定方法が変わることもあります。剪定ばさみを持つ前に、庭木の「目的」について振り返りましょう。

庭木の役割

庭木は求める役割によって、選ぶべき樹木の種類や管理のしかたが変わってきます。

目隠し

最近の庭づくりでは、刈り込まれた垣根よりも自然樹形の木でゆるやかに目隠しする植栽が人気です。1.5m～３mほどになる中高木タイプなら１～２本あればよいでしょう。

自然樹形なら枝を間引く剪定で、圧迫感が出ないように意識します。

向いている木
カシ（シラカシ）、シマトネリコ、オリーブ、フェイジョア、ソヨゴ など

日よけ

夏の強烈な日差しや西日の強い場所には、日陰になる木があるとホッとします。３ｍを超える高木なら、庭仕事の合間に木漏れ日の下でひと休みすることもできます。

自然樹形の間引き剪定で、木漏れ日が差すような庭木を目指しましょう。

向いている木
ハナミズキ、エゴノキ、アカシア、ヤマボウシ、フジ（フジ棚）など

癒し

植物との触れ合いは癒しにもなります。花の鑑賞のほか、落葉樹なら季節ごとに趣のある姿を楽しめ、実ものは収穫の喜びを感じられます。

やわらかい樹形を目指すなら、細い枝先を残すよう意識し、花や実を楽しみたいなら花芽を意識して剪定します。

向いている木
カエデ、コナラ、ウメ、ハナモモ、サクラ、サルスベリ など

風よけ

昔ながらの生垣は、目隠しだけではなく、防風や防音の機能も備えています。こんもりと茂るタイプなら、低木でも十分に風よけ、音よけの役割を果たします。

生垣は定期的な刈り込み剪定で枝葉を密にするようにします。

向いている木
キンモクセイ、ドウダンツツジ、ツバキ、トキワマンサク、カナメモチ など

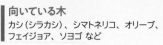

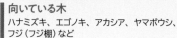

庭木の楽しみ方

庭木の楽しみ方は人それぞれです。庭木を植える際も、すでに植えた庭木を剪定する際も、庭木の何を楽しみたいのか、その「目的」を明確にしておくとよいでしょう。

花を楽しむ

枝いっぱいに花をつけた花木は、庭の持ち主だけでなく、近所の人や道を行き交う人の目も楽しませてくれます。庭のシンボルツリーとして花木を選ぶ人も少なくないでしょう。毎年花を楽しむためには、定期的な整枝や剪定が必要になります。

剪定のポイント

◆花芽のつく時期を知っておく。
◆花芽をついた枝を剪定するときは、 花芽を残すように意識する。

香りを楽しむ

花木のなかには、ジンチョウゲ、クチナシ、キンモクセイ、ロウバイなど香りの強いものがたくさんあります。香りで季節の訪れを感じる人も多いでしょう。癒し効果も大きいので、これから花木を植えるなら香りのことも念頭におきつつ選ぶのもおすすめです。

剪定のポイント

◆花芽の時期を知っておく。
◆花芽をついた枝を剪定するときは、 花芽を残すように意識する。

実を楽しむ

実を楽しむ庭木には、ナンテンやコムラサキなどのように実の観賞を楽しむものと、カキや柑橘類のように果実の収穫を楽しむものとがあります。果樹苗は実をつけるまで数年かかるものもありますので、あせらず見守りましょう。

剪定のポイント

◆苗木から1~3年程度は強く出る枝を3分の1ほど切って樹形を整える。
◆実がつき始めたら花木同様、 花芽に気をつける。

樹形を楽しむ

刈り込み剪定で整った姿を鑑賞するのもよいですが、最近の主流は自然樹形です。コンパクトに保ちつつ自然な樹形を維持し、それぞれの個体の枝ぶりを楽しみます。とくに落葉樹は、季節によって表情も変わり、折々の姿を楽しめます。

剪定のポイント

◆刈り込みや自然樹形など、 庭の雰囲気にあった剪定方法を選ぶ。
◆管理しやすいように、 コンパクトに保つ剪定にする。

庭木と自然木との違い

自然の中で育つ樹木は、その環境に合わせて生長します。一般には樹高が2m～3m程度の中木とされる種類のものでも、環境によっては4mにも5mにも成長してしまうことがあります。生長の過程で不要な枝を木自らが自然に落としていき、必要な枝葉だけを残してたくましく育つのです。

一方、庭木は、限られたスペースに植える樹木のため、あまり大きく育ちすぎてしまうと管理が大変です。多少は不要枝を自分で落とすこともありますが、通常は人の手を使った剪定という作業で、ある程度の大きさを保つようコントロールします。庭木は人に手入れされることで自然らしい美しさを保っているのです。

なぜ剪定するの？

剪定の5つの目的

剪定を行う意味、目的を理解しておきましょう。

1
庭木の機能を守る

庭木には、目隠しや日よけ、風よけなどの機能があります。観賞や収穫目的の庭木なら、花や実がしっかりつくようにすることや、美しい姿を保つことも機能維持といえるでしょう。機能を維持し発揮させるためには、剪定や整枝が欠かせません。

枝が伸び放題のモッコウバラは、不要な枝を剪定。不要な枝があると養分供給バランスが悪くなり、花つきなどにも影響する。

2
花や果実をつけさせる

樹木は剪定をしなくても、木が大きくなり成熟してくれば花を咲かせます。しかし、小さな庭では木の大きさにも制限があります。美しい樹形を保ったまま花を咲かせたり実をつけさせたりするためには、剪定が必要です。また、剪定しないで放置し、枝が混みすぎると、光が当たらないために花芽ができにくくなります。

枝が混み合うツバキは、大きさと樹形を保つため短い枝との分かれ目で剪定する。古い枝がなくなったことで、新しく伸びる枝の新芽が充実する。

剪定によって庭全体のバランスを保つ

庭木はなぜ剪定が必要なのでしょうか。それは、日々生長しているからです。植えたときには背が低く可愛らしかった木でも、何年間も剪定せずに放っておくと高く伸びて横幅も大きくなり、強い圧迫感を与えるようになります。樹木だけが巨大になっていくと、庭にあるほかの植物とのバランスが崩れます。

　また、枝が混んで光や風が樹冠の中に入らなくなると、内部から葉が徐々に枯れてくることもあります。特に針葉樹は、葉が枯れたところまで枝を切ってしまうと新しい葉が出ない種類が多いため、内部が枯れ込んだ木は元に戻せなくなります。そうならないように、なるべく一年に1回は剪定をするのです。

　放置した樹木は思ってもいない方向に枝を伸ばしていきます。剪定によって思い描くような樹形に整えつつ、楽しみながら庭をつくり込んでいきましょう。

3
庭全体のバランスを保つ

樹木は種類によって生長速度に違いがあります。また、剪定せずに放置しておくと枝が重なり合って庭の美観が損なわれることもあります。剪定や整枝によって生長を抑え、庭全体のバランスを保つようにします。

放置して横に広がりすぎたガクアジサイをすっきりと剪定。一気に切りつめると翌年は花がつかないこともあるので、毎年少しずつ剪定するのが理想。

4
木の健康を保つ

樹木は、枝葉が茂りすぎると、木の内部に風や光が届かなくなり、内側の葉が枯れてしまったり病気が出たり、害虫がついたりする原因になります。定期的に剪定して光や風を入れてやるようにすると、樹木の健康も保たれます。

枝葉でいっぱいになったニオイヒバは内部に光や風が通るように剪定する。特に針葉樹は内部が枯れ込みやすいので、日ごろから観察する。

5
木を若返らせる

樹木の枝は年とともに少しずつ古くなり、色も変化してきます。剪定や整枝によって、そうした古い枝を取り払い、新しい枝を伸ばすようにすることで木を若返らせることができます。

太い枝でも古くなったものは剪定して新しい枝と更新する。写真のユキヤナギは年に1回、コデマリ、アジサイなどは数年に1回、すべての枝を地際で切って株を新しくする。

放任した樹木には危険がひそむ

剪定や整枝などの手入れをしないまま、木が伸び放題になった庭は住まいとの調和、庭木どうしのバランスが崩れてしまいます。また、都会では、放任した枝葉が近隣の庭まで伸びていたり、日陰をつくったりして迷惑をかけたり、街の美観を損ねたりすることにもなりかねません。

自然の山に生えている木は剪定をしなくても、日陰になって枯れた枝を自ら落としています。街路樹でも、台風のあとなどに古い枝が折れて落ちていることがあります。庭木の場合も同じで、放任して伸ばし放題になった木から突然枝が落ちて人がケガをすることがあります。

剪定によるトラブルはなぜ起こる?

剪定・整枝は時期を守ることが大切

庭木にとっては必要な剪定ですが、剪定や整枝をしたために花が咲かなくなったり実がつかなくなったりといったトラブルはよく起こりがちです。そのいちばんの原因は、樹木の生育サイクルを知ることなく、自分の都合だけで剪定や整枝を行っていることです。

花や実を楽しむ庭木は、花芽《はなめ》をつくる時期と花芽のつく位置を知っておくことが大切です。花芽のことを考えずに枝を切っていると、花芽まで切り落としている可能性があるのです。つまり、その樹木の生育サイクルを知り、剪定に最適な時期を知ることが重要なのです(⬇P16)。

また、剪定によって樹形が崩れてしまったり、枝が枯れ込んだり、木自体が枯れてしまうこともあります。これは主に、樹木の性質を知らずに、不適切な位置で枝を切っているときなどに起こりがちです。樹木の性質や木の内部のつくりなどを知ることで、トラブルを避けられます。

剪定によるトラブル例

剪定によるトラブルにはさまざまなケースがあります。どんなトラブルがあり、どうしたら防げるでしょう。

! トラブル 1 花が咲かない

原因 花芽がある時期に、自己都合で花芽のついた枝を切ってしまうのが原因です。

解決法

花芽がいつ、どこにつくのかを知りましょう。花芽のない時期に剪定したり、花芽を落とさないように剪定するポイントがわかれば、花が咲かないというトラブルは防げます。花芽ができる時期や枝のどの位置につくかなどは、植物の種類によって異なります。

◀トサミズキは11～2月が剪定の適期だが、枝のつけ根に花芽がつくことを知っていれば、枝の先を切れば安心ということがわかる。

! トラブル 2 葉が枯れてきた

原因 剪定を放置した針葉樹などによく起こるトラブルです。針葉樹は光を好み、日陰になる部分の枝が枯れてきます。

解決法

ほとんどの針葉樹は、葉が枯れてしまったからといって堅い枝の部分まで刈り込むと新芽が出なくなります。そうなる前にすかし剪定(➡P26)で、樹冠の中に光が入るようにするとトラブルは防げます。

◀針葉樹はおおむね1年中剪定が可能。混み合っていると思ったら、そのつど葉を摘み取っておくとよい。

トラブル3 実がならない

原因 花から果実に成熟している時期に剪定をすると、花は咲いても実はなりません。また果樹は、実をつけるほどまで木が成熟するのに年月を要する種類があります。

解決法

実がつくサイクルを知った上で、幼木のころは木の成熟を助けるため、新しい枝を3分の1程度に切るような剪定をします。

◀ブルーベリーは1～2年目の幼木は花を咲かせない剪定にするのが基本。4年目から実を楽しめる。

トラブル4 枝が枯れ込んできた

原因 枝をつけ根で切らずに途中で切ると、切り口を修復するカルスという細胞が形成されず、木を枯らす菌（木材腐《ふ》朽菌《きゅうきん》）が木の組織内に入り、枝が枯れ込んでしまうのです。

解決法

枝はつけ根の部分で切るのが基本です。太い枝を切ったときは、切り口に癒《ゆ》合剤《ごうざい》(➡P34)を塗っておけば木材腐朽菌の侵入を防ぐことができます。

◀剪定は枝の途中で切らずに、ほかの枝との分かれ目になるつけ根で切るのが基本。

トラブル5 つけ根で切っても切り口がふさがらない

原因 太い枝のつけ根には下側に丸いふくらみがあり、このふくらみはブランチカラーと呼ばれます。幹に沿ってまっすぐ下へ枝を切るとブランチカラーが切り落とされ、切り口がふさがらず枯れ込むことがあります。

解決法

ブランチカラーには腐朽菌をブロックしたり、切り口を修復する組織があります。太い枝を切るときは、ブランチカラーを残すようにします。枝を少し斜めに切ると、切り口が小さくなり修復も速くなります。

◀剪定するときは、刃物を当てる位置や角度に注意する。

トラブル6 樹形が乱れてきた

原因 放置して大きくなりすぎた木を小さくしようと、たくさんの枝を一度に短くぶつ切りにしたときなどに起こります。それぞれの切り口から細くて強く長く伸びる枝（徒《と》長《ちょう》枝《し》）が何本も出て、枝ぶりがボサボサになり樹形が乱れるのです。徒長枝には花芽がつきにくいので、花も見られなくなります。

解決法

毎年剪定して、大きさを保ちます。あまりにも大きくなすぎたものは、一気に小さくしようとせず、毎年少しずつ低く剪定して、数年かけてコンパクトにしていきます。

接ぎ木の木はひこばえに注意する

バラ苗の多くは、ノイバラに接ぎ木した接ぎ木苗が主流です。接ぎ木苗の根元部分（ノイバラの部分）は台《だい》木《き》といいますが、地際から出る新しい枝（ひこばえ）にはこの台木の芽が出ることがあります。これらの芽を切らずにおいたために、購入したはずのバラではなく、台木だったノイバラの花が咲いてしまうトラブルはあります。

ボタンはシャクヤクを台木に、ライラックはイボタを台木にしているので、地際のひこばえを切らずに放置すると、違う木が伸びてしまいます。

木の種類について

樹木はそれぞれの性質と形で分けられる

樹木の分類の方法にはさまざまものがあり、一般的なのは、葉の形状や性質で分けるものです。

葉の形状は広葉樹・針葉樹と分類されます。落葉樹・常緑樹は葉の性質で分類したものです。落葉樹は夏に日陰をつくり、冬は日差しを入れてくれます。常緑樹はいつでもグリーンを楽しめ、目隠しなどにも使えます。ほかに、日向に向く陽樹、日陰でも育つ陰樹といった分類方法もあります。庭木では、植える目的や植えつける場所によって樹木を使い分けるとよいでしょう。

また樹木は、枝のつき方や伸び方の違いで、自然に生長したときの形が異なります。この形を「樹形」といい、幹立ち、株立ち、枝垂れ性、つる性などの樹形があります。

樹木の分類のしかた

樹木は性質や形によって以下のように分類されることがあります。
樹木の性質を覚えて、庭への配置や手入れの仕方、剪定などに活かしましょう。

生育の性質の分類

陽樹

日なたを好む樹木です。よく日の当たる場所では幼樹のころから生長が速く、日陰では生長が遅くなります。サクラやマツ、ハンノキ、クリなどが代表的な陽樹です。ツバキやサザンカなど、比較的日陰に耐える陽樹もありますが、日陰では花つきが悪くなります。

陰樹

ある程度の日陰にも比較的耐えられる樹木です。少ない光でも光合成ができるため、日陰でも生長し、庭では日陰になる場所に配置することができます。アオキやヤツデ、タブノキ、シイノキなどが代表的な陰樹です。

葉の性質の分類

落葉樹

葉の寿命が1年未満で、一定の期間まったく葉をつけない時期がある樹木です。庭木ではカエデ類やシラカバ、ドウダンツツジ、トサミズキ、ナツツバキなどが代表的です。温帯地域では多くの落葉樹が冬に落葉して休眠します。

常緑樹

葉の寿命が1年以上あり、常に葉がついている樹木で、常緑広葉樹では1～3年に1回、常緑性の針葉樹では3～5年に1回落葉しますが、いっせいに落葉することはありません。比較的寒さに弱い傾向があります。ツツジの一部やシャクナゲ、カナメモチ、ソヨゴ、ユズリハなどが代表です。

半常緑樹・半落葉樹

本来は常緑樹ですが、冬に寒冷になる地域では落葉する樹木です。キンモクセイ、シマトネリコ、キンシバイ、サツキ、モチツツジなど。逆に本来は落葉性ですが、暖地では落葉しないものを半落葉樹といい、ヤマツツジ、ミヤマキリシマなどがあります。

葉の形状の分類

広葉樹

幅広くて平らな葉をもつ樹木のことです。常緑性のものを常緑広葉樹、落葉性のものを落葉広葉樹といいます。常緑広葉樹は寒さに比較的弱く、整枝や剪定は芽吹き前の3月下旬～4月上旬、木が活動している5月下旬～6月と9～10月に行います。落葉広葉樹は比較的寒さに強く、葉を落として休眠している冬の12～2月が整枝・剪定の適期です。

針葉樹

尖った針状の葉をもつ樹木のことです。針葉樹にも常緑性のものとカラマツなど落葉性のものがありますが、庭木はほとんどが常緑性です。常緑性の針葉樹は寒さに強いものが多く、整枝・剪定の適期は11～3月になりますが、例外もあるので、くわしくはそれぞれの剪定のページで確認しましょう。

樹形の種類と剪定法

木には枝の出方によってさまざまな樹形があります。木の自然な雰囲気を楽しみたい場合は、その樹種ごとの樹形を活かした剪定をするようにしましょう。

株《かぶ》立《だ》ちの自然樹形（高木）

数本の幹が地際から出て立ち上がる樹形です。下枝を整理し、切り戻しやすかし剪定とともに、芯を切り戻して自然な形に見せます。古い幹は地際から切り取り、ひこばえで幹を更新します。

代表的な木
ジューンベリー、マンサク、ロウバイ など

幹《みき》立《だ》ちの卵形、球形、円錐形

１本の幹が上まで立ち上がる樹形です。樹冠を左右対称に保つように剪定します。管理できる樹高と枝張りの幅を決めて切り戻し剪定とすかし剪定（➡P26）で形を整えます。

代表的な木
サザンカ、コブシ、ハナミズキ など

株立ちの自然樹形（低木）

株元からたくさんの細い枝が出て藪状になる樹形です。切り戻し剪定が中心ですが、枝が混み合うので内部の古い枝を地際から切り取って整理します。

代表的な木
コデマリ、ハギ、ユキヤナギ、レンギョウ など

幹立ちの杯型～不定形

１本の幹が途中で数本に分かれて枝を広げる樹形です。左右対称とはならないので、枝の流れを活かすように切り戻しやすかし剪定を行い、伸びすぎた枝を切り新しい枝に切り替えながら整えます。

代表的な木
カエデ類、サルスベリ、ウメ、モモ、サクラ など

つる性の木本

つる植物は自立せずに、ほかのものに絡まりながら伸びていきます。フェンスやポール、棚などに絡ませて形を整えます。

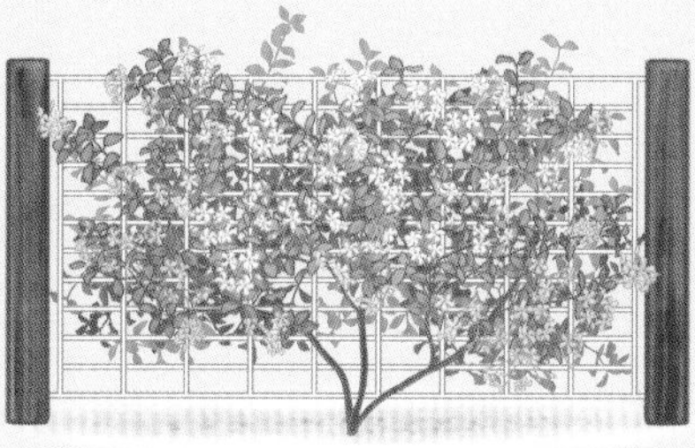

代表的な木
フジ、ノウゼンカズラ、テイカカズラ、つるバラ など

幹立ちの枝垂れ樹形

幹は１本で、上部でわかれた枝が枝垂れる樹形です。滝が落ちるようなイメージで、切り戻しとすかし剪定で形を整えます。

代表的な木
シダレザクラ、シダレモモ、シダレウメ など

木の1年の生育サイクル

1年の生育サイクルとおおよその剪定時期

樹木は、毎年決まった生育サイクルをくり返して生長しています。
剪定は、この生育サイクルに合わせて行うと失敗が少なくなります。

冬
12~2月
休眠期。
落葉樹は葉を落とし
生育を止める
春
3~5月
芽吹きの時期。
新しい葉が展開し
新枝が伸びる
夏
6~8月
一旦生育が止まった
ように見える。
肥大成長の
時期
秋
9~11月
穏やかな気温に
なると再び新枝が
伸び始める
1
2
3
4
5
6
7
8
9
10
11
12
針葉樹
新芽が本格的に動き
はじめる前に剪定
（3～4月）
落葉樹
休眠中の冬に剪定
常緑広葉樹
一般に寒さに弱いので、
花が終わったあとの初
夏、気温が上がりはじ
めるころに剪定
落葉樹
夏は徒長枝を
切る程度

樹木は四季に合わせて生長と休眠をくり返す

落葉樹も常緑樹も、春の芽吹きから生育サイクルが始まり、新葉が開いて新しい枝（新枝）が伸び出します。

新枝は6～7月ごろに一時的に生長が止まります。その後、樹勢の強い木は秋まで枝葉の伸長を続けますが、普通の木は伸長が止まったように見えます。それでも、十分に光をあびて光合成をし、幹や枝が太っていく肥大成長期になります。初秋にはふたたび新枝が伸びますが、晩秋には落葉樹は葉を落として休眠に入り、常緑樹も葉が黒ずみ生育を止めます。

剪定はこのような樹木の生育サイクルを意識して行うのが基本です。さらに花木や果樹は花芽を切らないようにするのもポイントのひとつです。

枝にできた芽には、花になる花芽、葉になる葉芽、両方の性質をもつ混合花芽があります。花や実に必要なのは花芽で、花芽のつく位置、できる時期を知らずに剪定していると、花や実を楽しめない失敗がよく起こります。

花芽のできる時期と剪定

花芽は樹種によって、花芽ができたその年のうちに開花するものと、翌年に開花するものとがあり、大きくは次の6つのパターンに分けられます。

年内咲き 頂芽型

春から伸びた新枝の先端のほうに花芽がついて、その年に花が咲くタイプです。11～2月ごろまでに枝を短く切る強剪定をして、株の内部に光が入るようにします。

代表的な木
サルスベリ、バラ、ノウゼンカズラ、キョウチクトウ、ムクゲ など

翌年咲き 頂芽型

新枝の先端のほうに花芽がつき、翌年に花が咲くタイプ。長枝の先につくものと、短枝の先につくものがあります。花後に花がらを摘み、秋～冬の剪定は徒長枝や樹形を乱す枝を間引く程度にします。

代表的な木
ツバキ、サザンカ、ツツジ、シャクナゲ、ハナミズキ、モクレン類 など

年内咲き 側芽型

春から伸びた新枝の側芽に花芽ができて、その年に花が咲くタイプです。剪定は花後に行い、5月以降は切らないようにします。

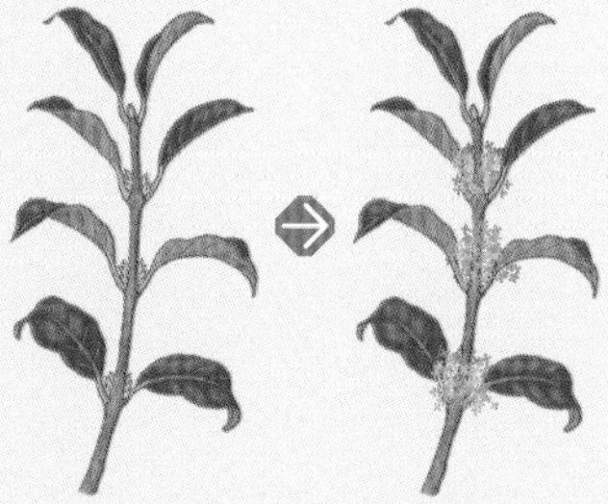

代表的な木
キンモクセイ、コムラサキ など

翌年咲き 側芽型

新枝の側芽に花芽がつくられ、翌年に花が咲くタイプ。特に短枝に多くついて長枝にはほとんどつかないものと、長枝全体につくものがあります。花後に剪定し、冬は数芽～10芽くらいを残して切り戻します。

代表的な木
ウメ、モモ、ロウバイ、ボケ、コデマリ、ユキヤナギ、レンギョウ など

年内咲き 頂芽側芽型

春から伸びた枝の頂芽と側芽に花芽ができ、その年に花が咲くタイプです。11～2月ごろに強剪定をします。

代表的な木
ハギ など

翌年咲き 頂芽側芽型

新枝の上部の頂芽と側芽が花芽になり、翌年に咲くタイプです。花芽からさらに新枝が伸びて咲くものと、花芽のついた位置で咲くものとがあります。花後すぐに強剪定をし、冬はすかし剪定程度に抑えます。

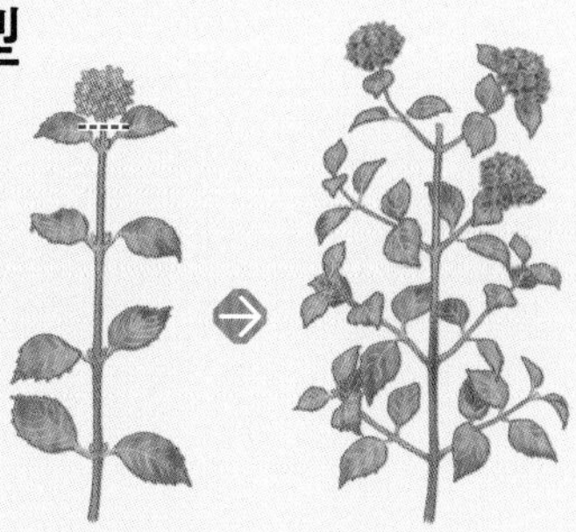

代表的な木
ボタン、アジサイ類、トサミズキ、トキワマンサク　ナツツバキ など

頂芽と側芽について

木の枝につく芽には、枝の途中の葉の脇にできる側《そく》芽《が》と、枝の先端にできる頂芽《ちょうが》があります。

側芽や頂芽のように枝の決まった位置につく芽を定《てい》芽《が》といいます。一方、不定芽《ふていが》といって、定芽がつく位置ではない場所にできる芽もあります。不定芽は、強く剪定したときや何かの理由で定芽の生長が止まったときなどに発生する芽です。幹や太い枝からの胴吹きなどは、不定芽によるものです。

成木になるまで

木は大人にならなければ花も実もつけない

花や実を楽しむには、樹木が成木になる時期を知っておく必要があります。園芸店やホームセンターなどで売られている苗は、人間でたとえるとまだ子どもの状態です。そのため、すぐに花をつけることはできません。樹木は光合成によって十分に栄養を蓄え、人間でいえば大人と同じ成木になるまでは、花も実もつけないのです。市販の苗で花がついているものは、生産者が子どもの状態でも花をつけるようにしてあるだけです。苗を植えてから花や実をつけるようになるまでには、一定の時間がかかることを覚えておきましょう。

下に、本書で扱ったおもな花木と実ものについて、開花までのおおよその期間をまとめました。1～2年育てても花が咲かないからといってあきらめてしまわないようにしましょう。

苗から開花までの期間

苗木から花をつけるまでの開花年数は、樹木によって違います。
開花年数に達していないものは若木と呼ばれます。

◆アカシア……苗を植えた場合は3～4年目
◆アジサイ……3年以内
◆イチゴノキ……苗木を植えてから2～3年目
◆ウメ……接ぎ木1年目の苗で、植えつけから3～4年目
◆カルミア……つぎ木苗で植えつけから3年目
◆キョウチクトウ……高性種では、植えつけから2～3年目
◆キンモクセイ……普通の苗木で、3～5年以上
◆クチナシ……2～3年目
◆コデマリ……挿し木苗で、植えつけから2～3年目
◆サクラ……1年目の苗で3～4年目
◆ザクロ……苗の植えつけから3～5年目
◆サルスベリ……一歳性品種は植えた年から、高性種は2～3年目
◆シャクナゲ……苗で購入した場合は、植えつけから2～3年目
◆ジューンベリー……小苗の場合は、植えつけから4～5年目
◆サザンカ・ツバキ……市販の苗は花がついているので、植えた年から
◆トキワマンサク……苗の植えつけから2～3年目
◆トサミズキ……苗の植えつけから3～4年目
◆ノウゼンカズラ……成熟した苗なら植えた年から、小苗の場合は3年程度
◆ハギ……植えた年から
◆ハナミズキ……庭植え用の苗では3年以上
◆ハナモモ……早ければ1～3年目
◆バラ……苗の植えつけから1年目から
◆ヒュウガミズキ……苗の植えつけから3年目
◆フジ……多くの品種は5～10年。鉢植えでは2～3年目から
◆ボケ……普通は花つきの株が売られているので、植えた年から
◆ボタン……つぎ木苗で、1年目から
◆マンサク……市販苗は植えつけた年か翌年
◆ムクゲ……普通の苗では2～3年目
◆モクレン類……シデコブシは2～3年、ほかの種は5年程度
◆ヤマボウシ……つぎ木苗で4～5年以上
◆ユキヤナギ……挿し木苗で1～2年目
◆レンギョウ……1年目の挿し木苗で1～2年目
◆ロウバイ……実生苗なら5～10年、つぎ木苗は少し早まる

（注）表中の年数はあくまでも目安で、植える苗の大きさや状態、気温、植える場所などの条件で変わってきます。

若木から成木への生長

樹木が若木から成木になるまでの生長には、上に伸びる伸長生長と横に広がる肥大生長があります。樹木のタイプによって、それぞれの生長パターンが活発になる時期が異なります。

生長パターン

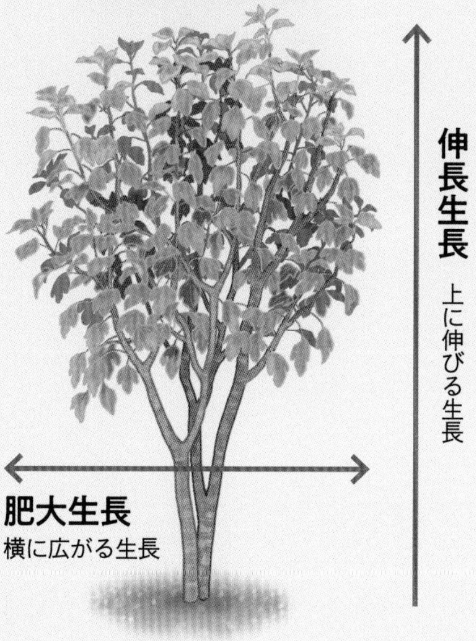
伸長生長
上に伸びる生長
肥大生長
横に広がる生長

落葉広葉樹

雑木林をつくっているような落葉広葉樹は、上に伸びる伸長生長でなるべく早く高く伸び、たくさんの光を浴びようとします。光を浴びて光合成が盛んになると、その栄養を使って幹を太らせる肥大生長に移り、幹や枝が太ってきます。

常緑樹や針葉樹

常緑樹や針葉樹には２つの種類があります。ひとつは伸長生長を優先し、ある程度高くなったところで横に広がる肥大生長をはじめる種類で、もうひとつは、はじめは横に広がりつつ生長し、その後急速に伸長生長をはじめる種類です。

おもな庭木の生長速度

生長の速いもの	アジサイ類、イヌツゲ、エゴノキ、カエデ、クロモジ、コナラ、コノテガシワ、コムラサキ、コロラドビャクシン、サルスベリ、シマトネリコ、ジューンベリー、シラカシ、トキワマンサク、トサミズキ、ブルーベリー、マツ、ミツバツツジ、ヤマボウシ、ロウバイ など
中間的なもの	アオキ、カクレミノ、キンモクセイ、サザンカ、ソヨゴ、ツバキ、ドウダンツツジ、ナツツバキ、ニシキギ、ハナミズキ、マンサク、レイランドヒノキ など
生長の遅いもの	アセビ、イトヒバ、カラタネオガタマ、カルミア、カンキツ類、サワラ‘ゴールデンモップ’、シャクナゲ、ハイノキ など

生長パターンと剪定

針葉樹は比較的生長がゆっくりとした木ですが、なかには、コロラドトウヒのように、幼木のころはなかなか生長しないのに、数年すると驚くほど生長が速く高くなってしまうものもあります。家の壁と塀のあいだのせまい場所に、ほっそりとした樹形の針葉樹を植えたのに、放置したために大きくなりすぎてしまったという失敗につながります。

そういった失敗を防ぐには、樹木の生長パターンや性質を知って、生長をコントロールした剪定をする必要があります。生長が早いものは年２回剪定したり、伸長生長が活発でぐんぐん上に伸びるものは、ある程度の高さで芯を止める（➡P198）剪定をしたりします。

苗木から育てるとき

よい苗を見極めて、幼木に適した剪定を

庭のリフォームや記念樹などで苗木を植えつけることもあるでしょう。苗木は、生長した将来の姿を想像しながら育てる楽しみがあります。

よい苗を見わけるポイントは、根の状態を見極めることです。店頭の苗は、鉢やポットに植わっていたり、根をコモなどで巻いてあったりして、直接根の状態を見ることができません。それでも、枝や葉の状態を確認することで、根がしっかり育っているか、根腐れなどがないかを想像することができます。同じ苗畑で育てられた苗にも、苗木のよし悪しが出てしまいますので、まずはできるだけよい苗を選ぶことです。

植えつけ後は、幼木と成木の剪定の違いを覚えておきましょう。成木の剪定が樹形の維持を目的とするのに対し、幼木は数年後の理想とする樹形の骨格をつくる剪定です。将来の姿を思い描きながら上手に管理し、美しい庭木に育てましょう。

よい苗の状態

根は固く太い根から細い根がたくさん出ていて、茶色く変色していないものがよい状態です。根を確認できなくても、次のような見た目であれば大丈夫です。

ポイント1 葉が枝の上から下までしっかりついている

下枝がしっかりついていて、節（葉のついている部分）と節のあいだが短い（節間が詰まっている）苗を選びましょう。

ポイント2 葉や花になる芽がしっかりついている

冬に落葉樹の苗を買う場合は、芽が枝の下のほうまでしっかりついている苗を選びましょう。

ポイント3 鉢底から太い根が出ていない

鉢底の穴から太い根が出ている苗は、鉢の中の根が生長していないことが多いので避けましょう。

ポイント4 枝や葉に病気の兆候がない

枝や葉に病気の兆候が出ていないか、害虫がついていないか、葉の表だけでなく裏も確認しましょう。

ポイント5 鉢やポットの大きさと、枝や葉の茂り具合のバランスがよい

鉢やポットの大きさに対して、葉が茂りすぎていたり、枝が伸びすぎている苗は避けましょう。

苗木の植えつけと肥料の与え方

苗木を植えつける際のポイントと肥料の与え方を知っておきましょう。

植えつけ時期

落葉樹・針葉樹 …… 新芽が芽吹きはじめる前の３月ごろ。

常緑樹 …………………… 少し気温が上がる３月下旬～４月、暑さがやわらぐ９～10月。気温の高い真夏と寒さの厳しい真冬は避ける。

植えつけ準備

- 植え穴は、苗木の根鉢と比べて、直径は２～2.5倍、深さは1.5～２倍を目安にして掘る。逆三角形の形ではなく円筒形に掘り進め、掘り上げた土はまわりに積んでおく。
- 植え穴に、腐葉土を両手で２杯分程度入れ、まわりの土とよく混ぜる。

植えつけ

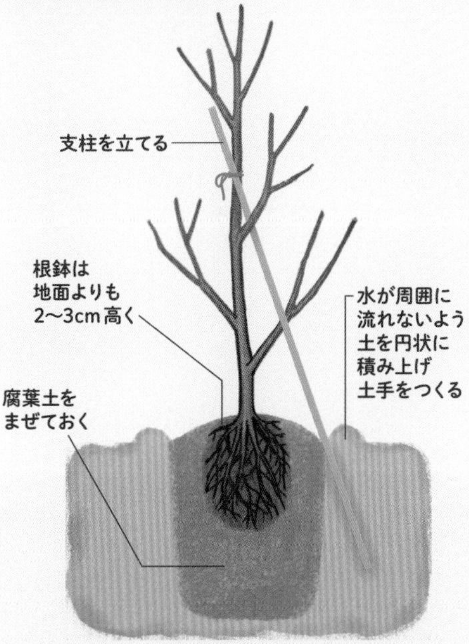

支柱を立てる
根鉢は
地面よりも
2～3cm高く
水が周囲に
流れないよう
土を円状に
積み上げ
土手をつくる
腐葉土を
まぜておく

- 苗の根鉢の上面が、地面よりも２～３㎝高くなるように植えつける。
- 植えつけ後は、たっぷり水をやり、水が引いたら根のまわりの土をよく踏んで根鉢と土を密着させる。土が沈んだらその部分に土を加える。
- 支柱を斜めに突きさし、麻縄で木に固定する。

植えつけ後

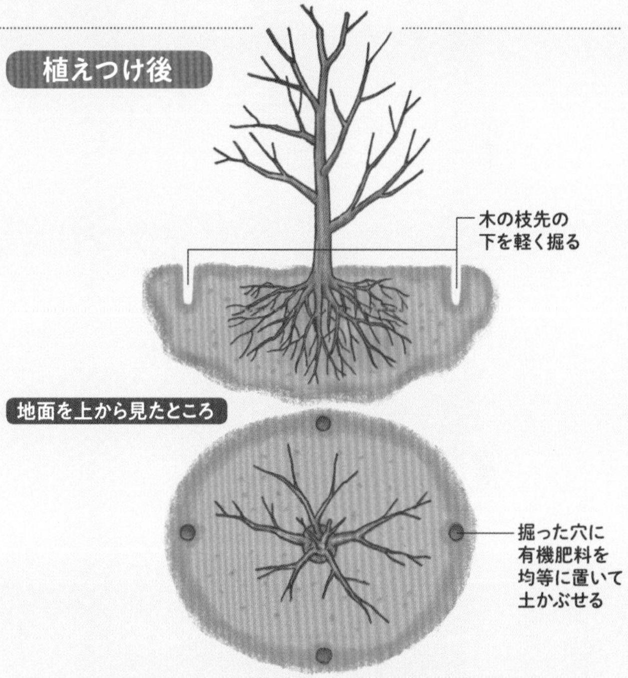

木の枝先の
下を軽く掘る
地面を上から見たところ
掘った穴に
有機肥料を
均等に置いて
土かぶせる

- 植えつけ時に水をたっぷり与えた後は、１週間おきに、たっぷり与える水やりを２～３回すると、根が土に密着し固定されてくる。毎日の水やりは厳禁。
- 通常の水やりは、夏場の雨のない時期だけ、１週間おきに十分与えるとよい。
- ２年目以降、木が休眠している冬に有機肥料を与える。栄養や水分を吸収する細い根は、木の枝先の下の辺りに多く分布しているので、枝の広がった樹冠よりやや外側の下の辺りを浅く掘って肥料を均等に置き、土をかぶせる。

若木の剪定

- 勢いのある徒長枝（➡P25）が出やすいので、つけ根で切る。
- 株立ち（➡P15）にする場合は、元気なひこばえ（➡P25）を数本残し、あとは取り除く。
- 幹立ち（➡P15）にする場合は、ひこばえ、横に強く伸びる枝をつけ根で切る。
- 開花年数（➡P18）に達したら、通常の剪定を行う。

庭木の病気と害虫について

剪定をしながら病気や害虫を見つける

古くから庭師の間では、「風と光は虫ふうじ」という格言があるそうです。害虫や病気が増える原因のひとつに、環境が悪いことが上げられます。剪定せずに放任すると枝葉が茂り、樹冠の中の風通しが悪くなります。光も入りにくくなります。こうした環境は、樹木が病気になったり、害虫がひそみやすくなったりする原因になるのです。

剪定・整枝は、庭木の形を整えるだけでなく、木の風通しや日当たりをよくするための作業でもあります。また、剪定・整枝をしながら木の細部を見ることで、病気や害虫を早期に発見し対処することにもつながります。

枯れている枝や葉はないか、変色している部分はないか、虫に食われた跡がないかなど、日ごろから木の様子を観察しておきましょう。

気をつけたい害虫

チャドクガ

葉を食害する。触れるとかぶれるので注意する。

発生時期　5月下旬〜6月上旬、8月下旬〜9月上旬
発生場所　葉

対処法　薬剤を散布し、見つけしだい枝ごと切り取る。

ハダニ

葉の樹液を吸いとって葉には白い斑点ができ、やがて葉は枯れ落ちる。

発生時期　4〜11月　発生場所　葉

対処法　専用の殺ダニ剤を散布するか、葉の裏にホースで勢いよく水を吹きつけてダニを吹き飛ばす。

カイガラムシ

樹液を吸って木の生育を妨げ、スス病などの原因になる。

発生時期　1年中　発生場所　枝・幹

対処法　薬剤が効きにくいので、見つけしだいワイヤブラシなどでこすり落とす。

ミノムシ

オオミノガなどの幼虫が葉を食害し、10月ごろから蓑をつくってその中で越冬する。

発生時期　6〜10月　発生場所　葉

対処法　見つけしだい取りのぞいて処分する。

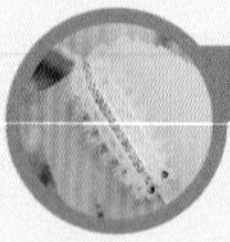

ケムシ類

葉や蕾を食害する。花後剪定などで見つけることが多い。写真はイラガの幼虫。触れると蜂に刺されたような痛みを生じる。

発生時期　4〜10月　発生場所　葉、茎、蕾

対処法　見つけしだいはたき落としてつぶす。アメリカシロヒトリのように群生するものは、枝ごと切り取って焼却する。

アブラムシ

やわらかい芽や葉、花や蕾などについて樹液を吸い、葉や芽を変形させる。スス病の原因になることもある。

発生時期　4〜10月　発生場所　葉、茎、蕾

対処法　乾燥期に発生しやすい。見つけしだい捕殺するか、薬剤を散布する。

カミキリムシ類

幹や枝の中に産卵し、卵からかえった幼虫が樹皮の下で幹や枝を食いあらして成長する。

発生時期　1年中　発生場所　枝・幹

対処法　見つけしだい穴から薬剤を注入するか、捕殺する。

気をつけたい病気

枝枯れ病

花木に多い。枝に灰褐色や黒褐色の斑ができ、徐々に大きくなり枯れる。

発生時期　4〜10月
発生場所　枝

対処法 見つけしだい枝を切り取る。切り口から菌が入るので、切り口には保護剤を塗り、剪定バサミは消毒する。

スス病

葉や枝が、黒くススを塗ったように汚れてくる。アブラムシやカイガラムシの排泄物にかびが繁殖してひろがる。

発生時期　4〜10月
発生場所　葉、枝

対処法 茂りすぎた枝葉を整理し風通しをよくする。同時にアブラムシやカイガラムシを見つけて防除する。

赤枯れ病

葉や茎が赤褐色や褐色に変わり、やがて枯れる。スギ類の若木に多い。

発生時期　5〜9月
発生場所　葉、枝

対処法 風通しや水はけをよくすることで発生を防ぐ。発生したものは抜いて土を消毒する。

モザイク病（ウイルス病）

葉や花に不規則なまだら模様が発生し、葉が縮れて変色する。

発生時期　4〜10月
発生場所　葉、花

対処法 見つけしだい切り取る。アブラムシがウイルスを運ぶので、アブラムシがつかないように注意。薬では防げず、発生した株は抜き取って処分する。

縮葉病

気温が低めの春、雨が続くと発生しやすい。葉が火ぶくれしたようになり赤色や黄色に変わり、葉の裏には白い粉がふく。枝は黒く縮んでくる。

発生時期　3〜5月
発生場所　葉

対処法 病気が出た葉を摘み取って焼却処分する。

灰色かび病

葉や茎が腐る。花には斑点ができ、やがて灰色のかびにおおわれる。

発生時期　3〜7月、9〜11月
発生場所　葉、茎、花

対処法 風通しや水はけをよくして発生を防ぐ。発生した枝は切り取り、株は抜き取って処分する。

ウドンコ病

初夏から晩秋にかけて発生。葉やつぼみの表面に粉をふいたような白い部分がひろがり、やがて枯れる。

発生時期　4〜10月
発生場所　葉、つぼみ、花

対処法 風通しが悪くなると発生しやすい。秋に落葉を集めて焼却し、4〜5月に殺菌剤を散布する。

▼ウドンコ病

がんしゅ病

病気の部分に褐色の斑点ができ、へこんでやがて樹皮が剥がれて突起ができる。

発生時期　4〜11月
発生場所　枝・幹

対処法 風通しや水はけをよくして発生を抑える。発病したときは枝や幹を切り取って焼き捨てる。

薬剤を使うとき

1 風の強い日、雨の日は行わない
晴天やくもりの日を選びましょう。気温が25℃以上になると薬剤散布による薬害が出やすいので、夏は朝夕の涼しい時間帯、春や秋は午前中にすませます。

2 近隣の人、ペットなどに配慮する
薬剤散布の際は事前に近隣の家にも声をかけ、窓を閉めてもらったり、不用意に外に出ないように注意してもらいます。外飼いのペットは家の中に入れましょう。通行人にも十分注意します。

3 自分の体を防護する
薬剤が肌に触れないように、長袖・長ズボン、手袋、帽子、ゴーグルなどを身につけます。雨具を着用してもよいでしょう。散布後は、ほかの衣類とは別に洗濯します。手洗いうがいも忘れず行います。

4 使用方法を守る
薬剤の使用方法、希釈倍率などは説明書通りにし、作りおきは厳禁です。希釈したり、複数を混ぜ合わせて使用するものは、少量ずつ作り使い切ります。どうしても残ってしまった場合は、土壌に染み込ませて処分します。

剪定の基本は不要な枝を切ること

不要な枝とは樹形を乱す枝のこと

剪定・整枝の基本的な作業は、不要な枝を切って取り除くことです。では不要な枝とはどんな枝でしょうか。不要な枝は「不《ふ》要《よう》枝《し》」と呼ばれます。自然の樹形に逆らって伸びた枝、あるいは、枝が混みすぎて樹木の健康を損ねるような状態に伸びた枝、樹形を乱す枝のことを指します。剪定では最初に不要枝を切り取り、おおまかに樹形のイメージをつかんだ後に、細い枝を切って樹形を整えるのが一般的な手順です。樹形を整えるときには、木の上部から切りはじめ、下のほうへと切り進んでいきます。

　ただし、不要枝だからといって、必ず切らなければならないというわけではないのです。枝や葉が少ない部分などは、通常は不要枝とみなされるものでも、あえて残すことがあります。剪定するときは、つねに、この枝を切ったら将来どんな姿になるかを考えることが大切です。迷ったら切らずに残し、次の剪定で切るかどうかを決めてもかまいません。

枝や葉のつき方

枝や葉、芽のつき方は、
大きく互生、対生、輪生の３種類があり、
樹種により出方・つき方が決まっています。
それぞれの出方と整枝の仕方を覚えましょう。

互生《ごせい》

枝も葉も芽も互い違いにつくタイプです。整枝のときには、混み合った枝を切るようにします。

対生《たいせい》

ひとつの節（葉や芽の出る位置）から２本の枝、２枚の葉が対になって出るタイプです。整枝のときには、互生になるように左右を互い違いに切ります。

輪生《りんせい》

ひとつの節から数本の枝や葉が出るタイプです。上下の節で枝が重ならないように１～２本残して間引きます。

外芽と内芽を知り、枝の伸び方を想像

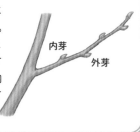

　１本の枝につく芽のうち、木からみて内側につく芽を内芽、外側につく芽を外芽といいます。整枝・剪定では外芽の上で枝を切るのがよいとされています。芽の上で枝を切ると、切ったすぐ下から新しい枝が伸びますが、このとき、内芽の上で切ると新しい枝は木の内部に向かって伸びていき、内部が混み合ってしまいます。

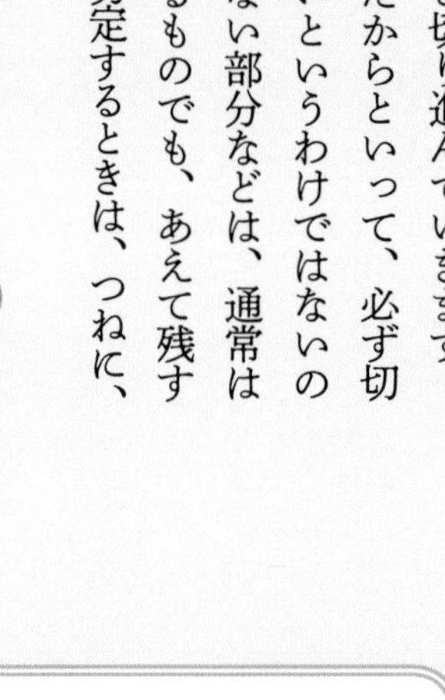

不要枝の種類

不要枝には枝の出方によって、いろいろな呼び方があります。これらを覚えて、
不要枝を見分けられるようにしましょう。

徒長枝《とちょうし》

勢いよく長く伸びた枝。花芽はあまりつかない。樹冠（➡P203）より深い位置で切り戻すか、ほかの枝との分かれ目で切り取る。

車枝《くるまえだ》

一カ所から数本が放射状に出ている枝。株の外側に向かっている枝を１〜２本残して、ほかはつけ根から切り取る。

枯《か》れ枝《えだ》

枯れている枝で、多くの樹種では、生きている枝と樹皮の色が異なる。枝のつけ根から切るが、先端だけが枯れているようなときは、枯れた部分だけ切り取る。

混《こ》み枝《えだ》

数本の枝が重なるようにして出ている枝。枝が重ならないように間引く。

胴吹《どうぶ》き枝《えだ》・幹吹《みきぶ》き枝《えだ》

幹から直接生えてくる細く弱い枝。風通しや日当たりを妨げるので切り取る。

下《さ》がり枝《えだ》・下垂枝《かすいし》

下に向かって伸びている枝。枝の流れ、樹形の流れを乱すので切り取る。

平行枝《へいこうし》

同じ方向に並んで伸びている枝。全体のバランスを考えて、一方の枝をつけ根から切り取る。

逆《さか》さ枝《えだ》・内向《うちむ》き枝《えだ》

木の内側に向かって伸びている枝。日当たりや風通しを妨げるのでつけ根から切り取る。

立《た》ち枝《えだ》

真上に向かって伸びている枝。養分をよく吸いとって勢いよく伸び、木の生長を妨げる。また、花芽がほとんどつかないので、枝のつけ根から切り取る。

絡《から》み枝《えだ》・交差枝《こうさえだ》

ほかの枝と絡んだり交差している枝。全体のバランスを考えて、どちらか一方を切る。

ふところ枝《えだ》

幹の近くで枝の内部に出た弱い枝。日当たりや風通しを妨げるので切り取る。

ひこばえ・やご

株元から出てくる新しい枝。根からの養分や水分を取ってしまうので、普通は地際から切り取るが、古い幹を切って新しい幹に更新したいときには数本を選んで残す。

自然樹形をつくる剪定のしかた

すかし・刈り込み・切り戻し 3つある剪定の種類

剪定の基本的な方法には、枝先は切らずに樹木全体の枝数を少なくする「すかし剪定（間引き剪定）」、生垣などで用いる「刈り込み」、枝先や幹の上部を切って枝の生長を抑えながら木の大きさをコントロールする目的で行われる「切り戻し剪定」の3種類があります。

庭木の仕上げで人気のある自然樹形をつくるのは、すかし剪定です。不要枝（➡P25）を見極めながら、枝を間引くように切っていくのがポイントです。状態に合わせ、切り戻し剪定も加えながら形を整えます。

一般的な剪定の手順

セイヨウニンジンボクを例にして、自然樹形の一般的な剪定の手順を紹介します。剪定前は枝葉が混み合って、樹冠内部への風通しや日当たりが悪くなっています。剪定は、木の上部からはじめて下に進めます。

剪定前

1 混み枝を切る

枝先に何本もの枝がついて混み枝になっているのを切り取ります。

2 混み合った枝を間引く

小枝が何本も出て混み合っている部分は、枝を間引いて風通しをよくします。間引くときは枝のつけ根から切り取ります。

3 枯れ枝を切る

樹冠の内部で枯れた枝は、つけ根から切り取ります。枯れた枝には葉がついていないので見分けられます。

7 ひこばえを切る

幹の根元にたくさんのひこばえが出ています。ひこばえは水分や養分を横取りし、木の生長を妨げますので残さず切ります。

8 伸びすぎた枝を切り戻す

長く伸びて、樹冠を飛び出した枝を切ります。枝の途中で切るのは切り戻し剪定です。長い枝の途中で切る場合は、葉や芽のすぐ上で切ります。

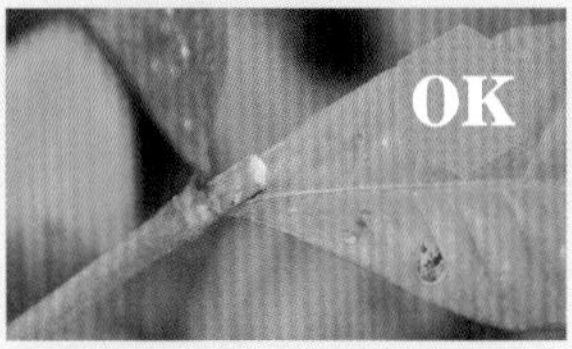

葉のついている節のすぐ上で切る。

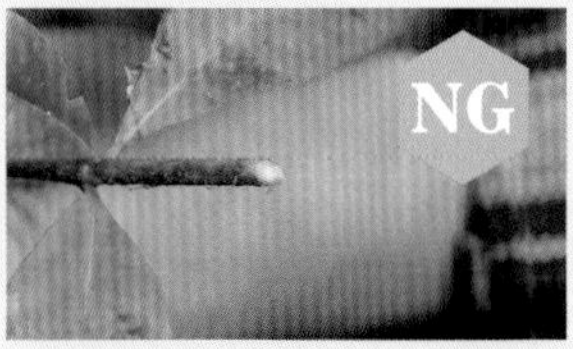

中途半端な位置で切ると切り口が汚く残り、枯れ込む。

完成

枝数を減らすすかし剪定と、枝を短くする切り戻し剪定を行い、 もとの大きさの３分の２ほどに仕上げました。すっきりし日当たりも風通しもよくなりました。

4 平行枝を切る

隣の枝と同じ方向に伸びている平行枝です。この枝は上に強く伸びているので徒長枝、立ち枝ともいえます。不要枝はいくつもの要素が重なり合っていることが多くあります。今回は２本とも切りました。

5 立ち枝を切る

枝の途中から真上に向かって伸びた立ち枝を切ります。

6 下がり枝を切る

下に向かって生えている下がり枝を切ります。

太い枝の切り方

直径５センチを越える太い枝は、のこぎりを使って３回に分けて切ると傷みが少なく剪定できます。太い枝は重いため、１回で切ろうとすると枝が途中で折れて樹皮がむけ、菌の侵入の原因になるのです。

まずは、枝のつけ根から７～８cmの辺りで、枝の下側から切れ目を入れます。次に、最初の切れ目から１～２cm枝先で、上からのこぎりで切り、枝を切り離します。最後に、枝を残さないように、つけ根からきれいに切り落とします。このとき、切り口にくぼみができるような切り方をすると、そこに水がたまって菌が入る原因になります。

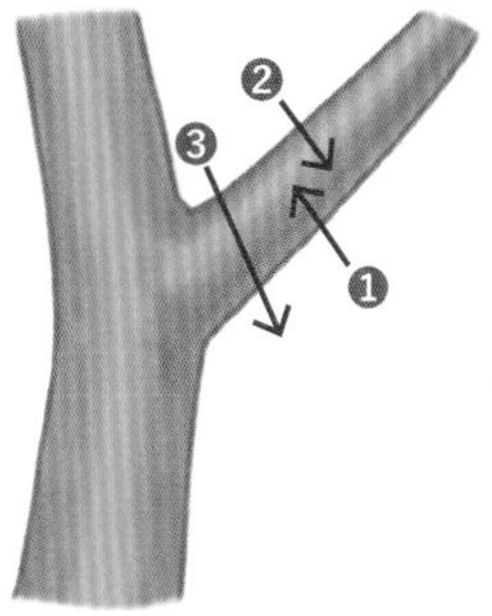

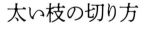

生垣などの刈り込み剪定のしかた

樹冠の表面全体を切るのが「刈り込み」剪定

生け垣や和風の庭に多い玉づくり、イヌツゲなどの玉仕立てや段づくり、円筒形や円錐形仕立て、洋風の庭でフレームに沿って刈り込んで形をつくるトピアリーや幹の下枝をすべて落として上部の枝を球形にしたスタンダード仕立てなど、自然風ではない人工樹形は、おもに刈り込みによってつくりあげていきます。

刈り込みは、新芽を刈り込んで枝の分枝を促す剪定方法です。刈り込みにより枝や葉が十分に茂ってくると美しい仕立てものになります。そのため刈り込み仕立てにした木は、年に2～3回刈り込むこともあり、前提として、刈り込みに強い樹種を選ぶことが大切になります。刈り込みの適期は、6月～7月上旬と9月下旬～10月ですが、くわしくはそれぞれの樹種ごとの剪定ページを参考にしてください。

刈り込みに強い木

木には、萌芽力が強く刈り込みに耐える木と、萌芽力が弱く刈り込むことで弱ってしまう木があります。生け垣などをつくる場合には、刈り込みに強い木を選ぶことが大切です。

落葉樹

代表的な木
シモツケ、ドウダンツツジ、ニシキギ など

常緑樹

代表的な木
アベリア、イヌツゲ、オリーブ、キンモクセイ、クチナシ、サザンカ、サツキ、シセントキワガキ、シラカシ、ツツジ、ツバキ、トキワマンサク、ヒイラギ、マサキ、モチノキ など

針葉樹

代表的な木
イチイ、カイヅカイブキ、キャラボク、コノテガシワ、サワラ、ニオイヒバ、ヒノキ など

刈り込み仕上げの見本

円錐形仕立て

玉づくり

段づくり

生け垣の刈り込みの手順

シセントキワガキは高さ３～５ｍになる木ですが、刈り込みにも強く生け垣にもできます。初心者は、裏面や側面からはじめて、ハサミ使いになれてから表側に取りかかるとよいでしょう。

剪定前

1 飛び取りを行う

刈り込みでは、最初に上や横に飛び出している太い枝を樹冠の内部で深く切っておきます。この作業を「飛び取り」といいます。太い切り口が表面に出ないようにすることで、仕上がりがきれいになります。

飛び取りの説明写真はイヌツゲです。

2 上面から刈り込む

生垣の高さを決めて、上面から刈り込んでいきます。刈り込みバサミは刃が上に向かってカーブする表（➡P31）の状態にし、刃を生垣に対して水平に当てます。飛び出した枝や葉を刈り込み、表面を平らに仕上げます。

3 側面を刈り込む

上面と同じように、側面の飛び出した部分も刈り込みます。

4 裏面と表面を刈り込む

下部より上部のほうが光を多く受けて育ちやすいので、上部が少しせまくなり全体が台形になるように刈ります。

完成

枝を刈り込むことで萌芽を促すと枝数が増えて密に茂り、きれいな生け垣になります。

剪定に必要な道具と使い方

用途に合う道具を使い 使用後は手入れを

ここでは、庭木の剪定で使う道具類を紹介します。必ず必要なものもあれば、あると便利というものもあります。自分に必要だと思うものを、徐々にそろえていくとよいでしょう。

ハサミやのこぎりのような刃物類は必ず必要な道具です。高級なものは必要はありませんが、プロ用を選ぶのがおすすめです。選ぶポイントは、ある程度しっかりしたつくりで切れ味のよいもの、実際に握ってみて手になじむものを選ぶことです。

使用した刃物類は、樹液や木くずがついたまま放置しておくと、切れ味が悪くなったり、錆びてしまったりします。剪定は樹木から見れば、手術にも近い作業。剪定によって樹木に負担をかけず、木を弱らせないようにするためにも、刃物の手入れは重要です。

作業が終わったら樹液を拭き取って乾かし、必要ならハサミを研いで、手入れをしておきましょう。

剪定バサミ

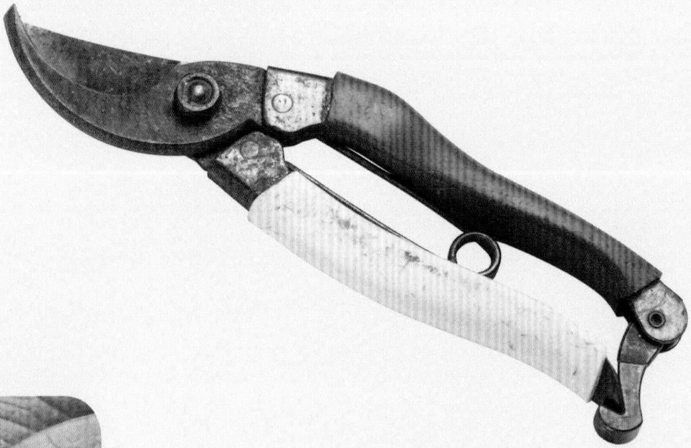

用途 細い枝から太さ2～3㎝程度の太めの枝まで切ることができる。細かい作業には向かないが、剪定では最も多く使うハサミ。

選び方 サイズがいろいろあるので、握ってみて自分の手に合うものを選ぶ。

枝を切るときには、受け刃（細くて湾曲している刃）を枝に固定し、切り刃（幅の広いほうの刃）を押し下げるようにして使う。できるだけ切り刃が枝のつけ根のほうに当たるようにすると、枝の切り残しが少なくなる。

空いているほうの手で、軽く枝を押し下げるようにして切ると力を入れずに切りやすい。

刈り込みバサミ

用　途 玉づくりなどの仕立てもの、生け垣などの刈り込み、ササの植え込みなど広い面を刈るときに使う。

選び方 大きさや重さの違うものが何種類かあるので、実際に持ってみて選ぶ。軽いもののほうが作業していて疲れにくい。

使い方

持ち手の中程を持ち、長い柄を重りのように利用して使うと疲れにくい。利き腕と反対側の腕の脇を締めて固定し、利き腕で持ったハサミの柄を動かすようにして切る。両腕を動かすと切った面がデコボコになり平らに仕上がらない。

刈り込みバサミの表と裏

刈り込みバサミには表と裏があり、刃が持ち手（柄）に対して上向きにカーブしている状態を表といいます。逆に、刃先が下向きになる状態を裏といいます。平らに仕上げるか、曲線的に仕上げるかで表裏を使い分けます。

生け垣などの平らな面を切るときは、表にして持ち刃が刈り込み面に対して水平になるように当てて切る（左）。裏の持ち方は玉づくりなどの曲線を切るときに使うと、きれいに曲線を描くことができる（右）。

注意事項

刈り込みバサミは、柄をひざで押さえるなどして、刃が開閉しないようにしっかり固定してから研ぐ。

ハサミ類の手入れ

普段の剪定では、作業が終わったら樹液や水分をよくふき取り、乾かしておきます。マツヤニなどは、ヤニ取り剤があると便利ですが、お湯で数分洗い流しすだけでもきれいになります。洗った後は、乾いた布で拭きよく乾かしましょう。乾いたら、受け刃と切り刃の間にシリコンオイルや椿油などをつけて数回閉じたり開いたりしてオイルを行きわたらせるようにします。切れ味が悪くなったときは研いでおきます。

水をつけた砥石を、切り刃の外側に当てて研ぐ。

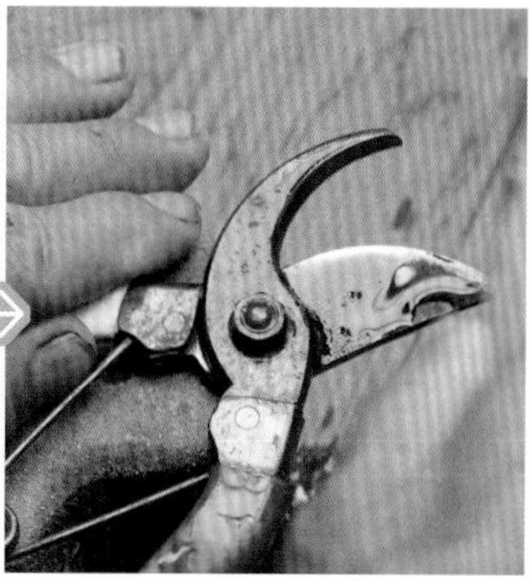

外側が研げたら、切り刃の内側を砥石で軽くこすってバリを取る。

高枝切りバサミ

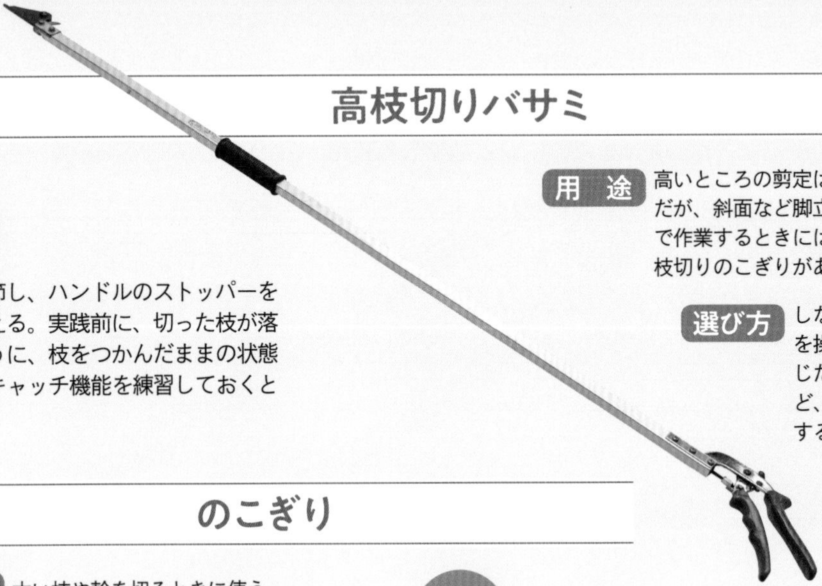

用　途 高いところの剪定は脚立を使うのが一般的だが、斜面など脚立が使えないような場所で作業するときには、高枝切りバサミや高枝切りのこぎりがあると便利。

選び方 しなりがないか、ハンドルを操作して楽にハサミを閉じたり開いたりできるかなど、実際に試してから購入するとよい。

使い方

長さを調節し、ハンドルのストッパーを外すと使える。実践前に、切った枝が落ちないように、枝をつかんだままの状態を保てるキャッチ機能を練習しておくとよい。

のこぎり

用　途 太い枝や幹を切るときに使う。

選び方 大きさや形もさまざまだが、剪定ではせまい木のすき間に入れて使うこともあるので、刃先が細いタイプが使いやすい。折りたたみ式のタイプや刃を取り外して交換できるタイプもある。初心者は刃渡り18〜20㎝程度で、刃と持ち手がカーブしているものが使いやすい。

手入れ 刃に詰まった木くずは、歯ブラシなどを使っててていねいに取り除き、樹液やヤニ、水分などは乾いた布できれいに拭き取っておく。ヤニは熱湯で洗い流しておくとよい。刃が乾いたら、さび止め防止のためにシリコンオイルや椿油などを拭きかけておく。

使い方

日本ののこぎりは、引いて切るように刃がつけられてるため、引くときに力を入れ、押すときは力を軽く抜くようにするとスムーズに切れる。

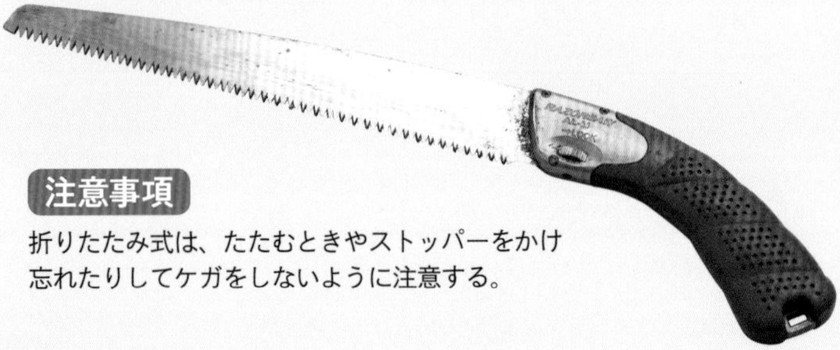

注意事項

折りたたみ式は、たたむときやストッパーをかけ忘れたりしてケガをしないように注意する。

植木バサミ

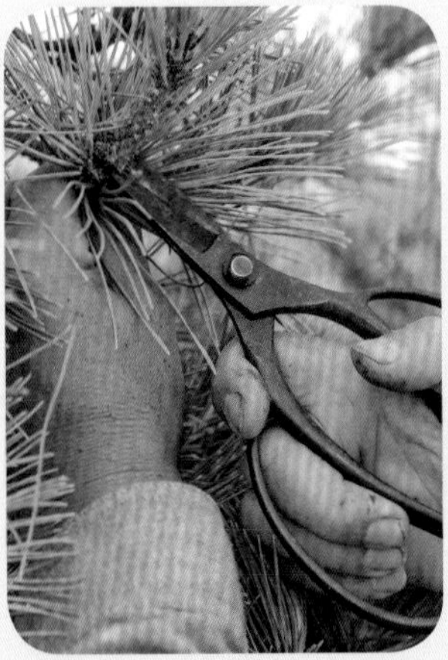

用　途 葉の先や細い小枝を切るときに使う。剪定バサミよりも細かい作業に向いている。

選び方 サイズがいろいろあるので、握ってみて自分の手に合うものを選ぶ。

使い方

持ち手部分は「わらび手」と呼ばれ、片方に親指を入れ、もう一方には中指から小指までの３本の指を入れる。人差し指はわらび手の外から添えるようにして持つと動かしやすい。細かい枝を切るときは刃先を使い、太めの枝は刃の下のほうで切る。

三脚型

脚立

用　途　背の高い庭木の剪定を行うときに使う。

選び方　三脚型と、両方に足かけがついているタイプがあるが、三脚型ではより木に近づいて作業をすることができる。

使い方

必ず安定した場所に立てる。地面がやわらかい場合は、地面に板などを敷いて固定してから立てる。三脚型は支柱となるほうを樹木の内部に差しこんで立てて開く。脚立を開いたら必ずストッパーをかけ、上る前に、揺すったり、一段目に上ってぐらつきがないかなどを確認する。

注意事項　脚立の天端（一番上の段）に乗ったり、片足を脚立に、もう一方を木にかけた状態などでの作業はとても危険。脚立に刈り込みバサミをかけておいたりするのも非常に危ない。面倒でも使わないときには地面に置いておくようする。

ケースとベルト

用　途　ハサミやのこぎりは作業中に切る枝に応じて交換して使うので、専用のケースに入れベルトに通し、腰に下げられるようにしておくと便利。

手ぶくろ

用　途

作業中はけがをしないように、手ぶくろで手を保護して作業する。

選び方

布製、革製などいろいろなタイプがあるが、軍手でもかまわない。刃物を持ったときにすべるような場合は、外してもよいが、枝を持つ手には手袋をはめていたほうが安全。

ヘルメット

用　途

脚立を使って高いところで作業する場合は転倒時の安全のため、必ずヘルメットをかぶる。高枝切りバサミなどで高いところの枝を切る場合も、ヘルメットをかぶっていれば、枝が落ちてきても安全。

選び方

いろいろなデザインがあるが、発泡スチロールが入ったタイプのほうが丈夫で安全度が高い。

ヘッジトリマー（電動バリカン）

用　途　生け垣や円柱仕立ての高木などを効率よく刈り込むのに便利。

選び方　重量や動かし具合を確かめるために、実際に手に取り、刈り込みの動きをしてみるとよい。初心者はコードつきよりも、充電式のコードレスタイプが扱いやすい。

使い方　左手でフロントハンドル、右手でハンドルを持って操作する。コードつきはコードストラップを腰につけて、枝にコードが引っかからないように作業する。切った枝や葉がブレードやチップレシーバーにたまったときは、電源を切りブレードが止まったことを確認してから取りのぞくようにする。

注意事項

剪定バサミや植木バサミと比べると刃が粗い上に、振動で刃が前後に動いてしまうため、切り口が傷んで木が弱ることがある。

箕

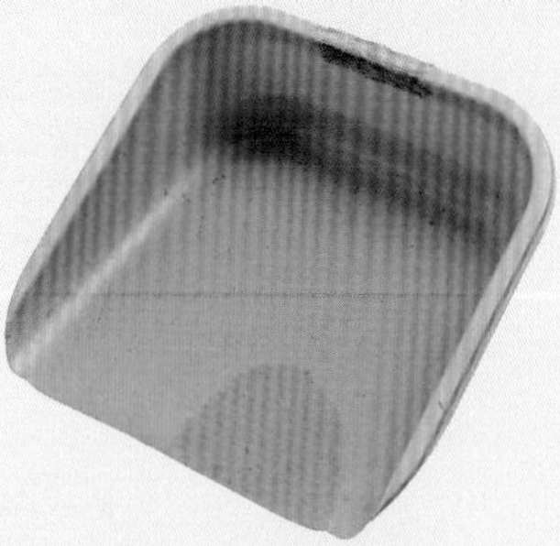

用　途

作業後のごみを集めるときに使う。

選び方

竹で編んだ箕、金属製やプラスチック製などいろいろなタイプがある。

麻ひも・シュロ縄

用　途

剪定作業のときにじゃまになる木や枝をしばって仮に留めておくときなどにひもや縄があると便利。また、切り枝などのごみを片づけるとき、まとめて縛るのにも使える。

使い方

シュロ縄は、あらかじめ水につけてやわらかくしてから使うと縛りやすく、乾くと締まりがよい。

ゴミ入れ・ブルーシート

用　途

剪定して切り取った枝や葉を入れておくのに便利。

選び方

ゴミ入れは「フゴ袋」と呼ばれるビニール製のバッグ型タイプが便利。使わないときには折りたたんでおける。なければブルーシートなどでも代用できる。

癒合剤

用　途

切り口を保護するために、太い枝を切ったときなどに使う。

選び方

チューブ入りと缶入りがあるが、なければ墨汁で代用することもできる。

竹ボウキ

用　途

木の枝に引っかかった切りくずや枝を払ったり、地面に散らばった細かい枝葉などの掃除に使う。

選び方

低木や株立ちの株近くのごみを払うには小型の竹ボウキがあると便利。

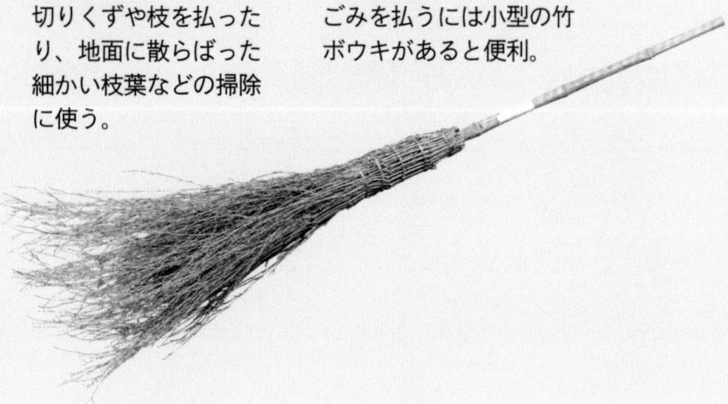

熊手

用　途

竹ボウキと同じように、作業後の比較的大きいごみを集めるときに使う。

選び方

竹製、金属製、プラスチック製などいろいろなタイプがあるが、実際につめの部分のしなりぐあいなどを試してみて購入するとよいだろう。

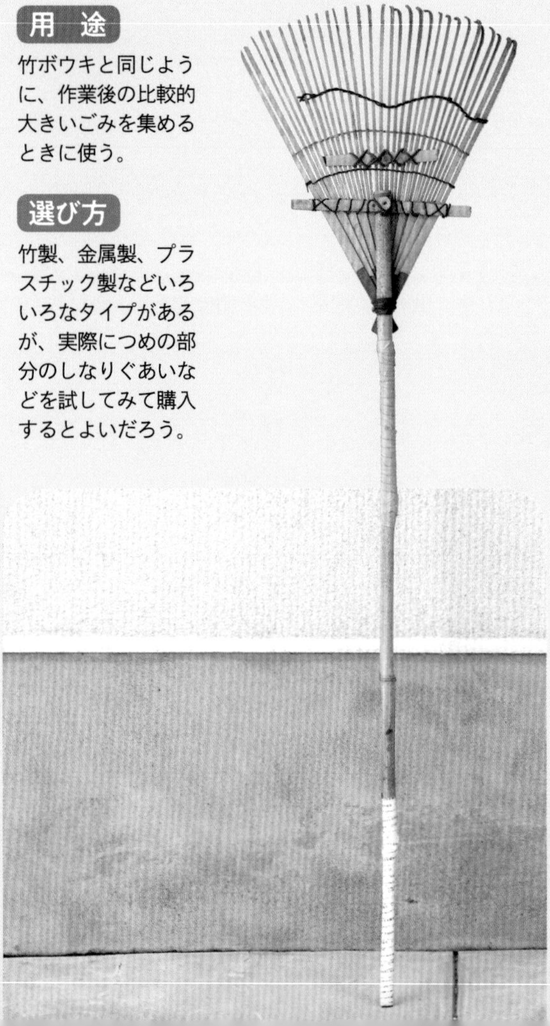

Part 2

人気の庭木
基本の剪定

Part 2では、人気のある庭木の具体的な剪定方法を紹介しています。
いつどんな剪定をしたらよいか、事前に確認して剪定してみましょう。
庭木は下記の項目に分類し、各項目ごとに五十音順に掲載しています。

アカシア

黄色い花を穂状につける花木でミモザと呼ばれることもあります。

基本データ

科　属　マメ科アカシア属
タイプ　常緑広葉樹
樹　形　幹立ち
樹　高　4～10m

剪定カレンダー

月		
1		
2		
3	開花	剪定
4		剪定
5		
6		
7	花芽	
8		
9		
10		
11		
12		

(月)

剪定のポイント

◆剪定は花が終わったあと、花芽ができはじめる前に行う。
◆花は2年目の新しい枝に咲くので古い枝を切って新しい枝を残す。
◆大きな木を小さく直すには、1.5～2mほどの枝の上で主幹を切る。

※ギンヨウアカシア、フサアカシアなど種類が豊富だが、剪定方法はどれも同じ。

春 剪定 4月（上旬）

夏 剪定 5～6月（中旬）（上旬）

1 新しい枝は残す

古い枝は新しい枝が出にくく花がつかないので、古い枝を切り、新しい枝を残すのが基本です。

2 不要枝を切る

内部に日が当たるように、混み合った枝、絡み枝、幹吹きの芽や枝などの不要枝（➡P25）を最初に切り取り、樹冠からはみ出した枝先を切って樹形を整えます。

3 太い枝は枯れ込みやすい

太い枝を切ると切り口から枯れることがあります。アカシアの枝は太るのが早いので、2～4年くらいの細いうちに切っておきます。

4 夏を過ぎたら剪定しない

夏に花芽ができるので、夏を過ぎてから剪定すると、花つきが悪くなったり、咲かなくなったりします。

花芽のつき方

7月中旬～8月、前年の枝から出た2年目の枝の先にできます。翌年、花芽から房状に花軸が伸びて、その先に花が咲きます。

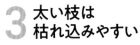

大きく生長したアカシア。巨木になると管理が大変なため、若木のころからコンパクトに保つか、ある程度の大きさで芯を止めることが必要

5 コンパクトに保つ

生長が旺盛でよく伸び、ときには高さ10m近くになることもあるので、若木のころから剪定をして、一定の大きさを保つようにしましょう。

6 大きくなりすぎたら芯を止める

大きくなりすぎた木を小さく仕立て直すには、1.5～2mほどのところに出た枝の上で主幹を切り取ります。

7 長い枝を切る

長い枝は、枝のつけ根から10～20㎝当たりを目安にして、葉がついている上で切ると、よく枝分かれをして、こんもりとした樹形になります。

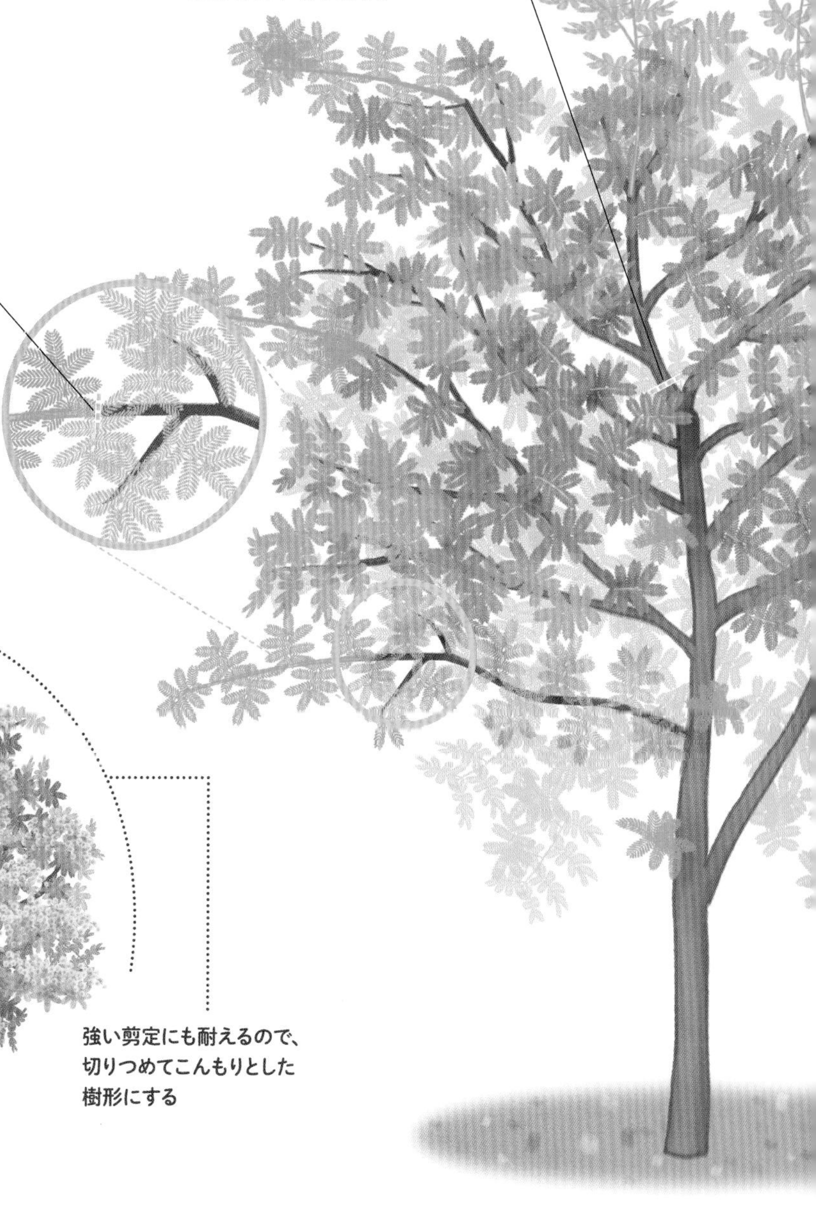

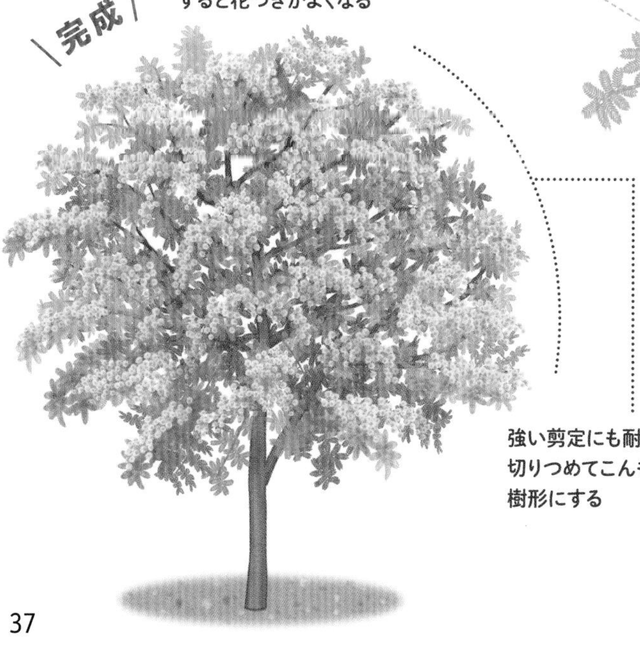
完成
新しい枝を多く残すようにすると花つきがよくなる
強い剪定にも耐えるので、切りつめてこんもりとした樹形にする

アジサイ

酸性土壌は青、中性～弱アルカリ性土壌ではピンクの花色になるといわれます。

基本データ

科　属　アジサイ科アジサイ属
タイプ　落葉広葉樹
樹　形　株立ち
樹　高　1～2m

剪定カレンダー

月	開花・花芽	剪定
1		剪定
2		剪定
3		
4		
5	開花	
6	開花	剪定
7	開花	剪定
8		（種類による）
9	花芽	
10	花芽	
11		
12		剪定

（月）

剪定のポイント

◆花が終わったら、株が弱るのを防ぐため早めに花がら剪定を行う。
◆花がつかなかった枝は、翌年花がつく可能性があるので切らない。
◆3～4年に一度を目安に、枝をすべて根元から切る強剪定を行う。
※ヤマアジサイ、カシワバアジサイなど種類が豊富だが剪定方法はどれも同じ。

夏
剪定
6～7月

1 花がらを切る

咲き終わった花をそのままにしておくと、真下の芽が伸びにくくなるため翌年の花芽がつきにくくなります。花後は花がらの下２～３節目の位置で切って、花がらを摘みます。

2 不要な枝を整理する

アジサイは枝が増えやすいので、古くなった枝や細い枝は根元から切り取ります。

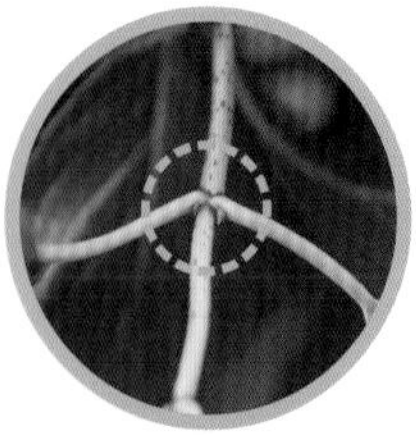

花芽のつき方

9月中旬～10月ごろに、その年に伸びた枝先のほうに花芽ができます。翌年に花芽から枝が伸び、先端に花が咲きます。

3 花がつかなかった枝は切らない

その年に花がつかなかった枝は、秋に花芽がついて翌年に花が咲く可能性があります。切らずにそのまま残しましょう。

4 飛び出す枝を切る

混み合う枝や樹冠から飛び出す枝は、ほかの枝との分かれ目で切り取ります。

5 コンパクトに保つ

樹高が高くなりすぎたときや、あまり大きくしたくないときは長い枝を切りつめますが、その際は枝元の葉1対を残して切りましょう。葉をすべて取ってしまうと、光合成ができずに株が弱ってしまうためです。

冬
剪定
12～2月

1 バランスを整える

全体のバランスを整えるため、飛び出して伸びている枝は、枝分かれしている位置で切り取ります。この時期は枝の先端に花芽があるので、バランスを整える程度にして、必要以上に切らないようにします。

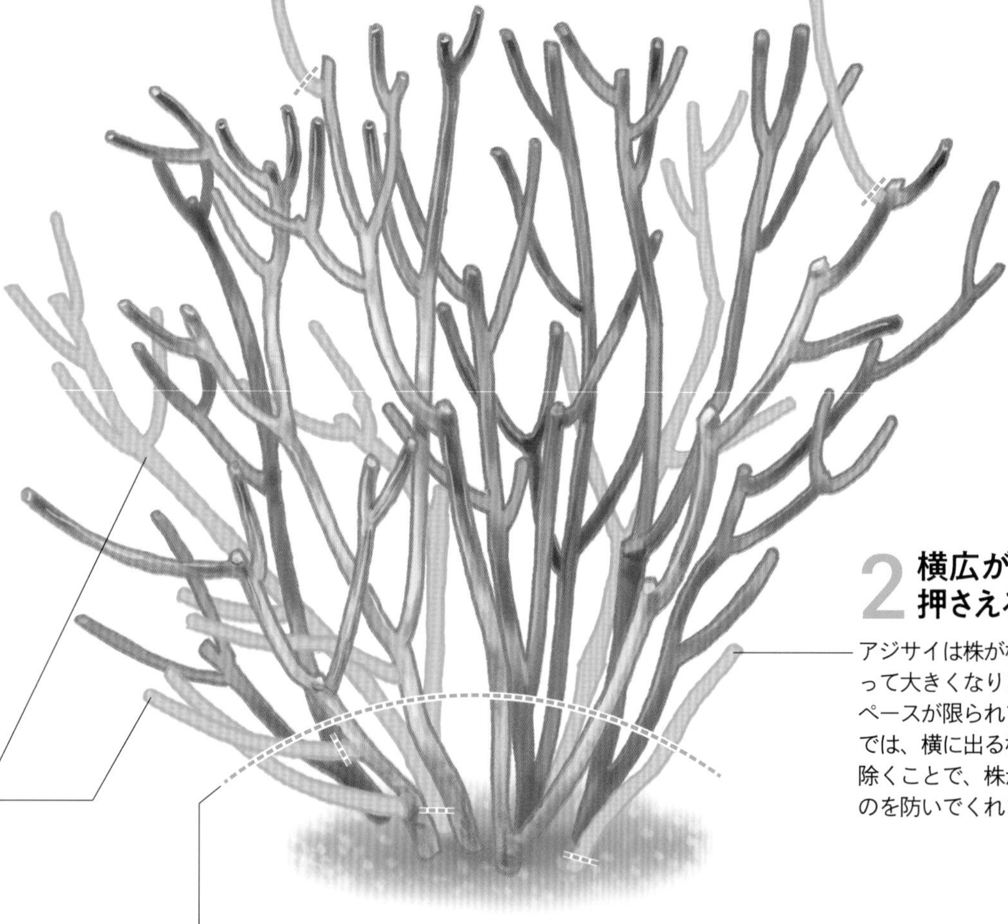

2 横広がりを押さえる

アジサイは株が横に広がって大きくなります。スペースが限られている庭では、横に出る枝を取り除くことで、株が広がるのを防いでくれます。

4 古い株は更新させる

株が大きくなりすぎたときや、古くなって花が咲きにくくなっている場合は、すべての枝を根元から切って株を更新させます。３～４年に一度が目安です。翌年には花がつきません。

アジサイ別の剪定ポイント

カシワバアジサイ

剪定せずに放任すると、１本の幹立ちになりやすいタイプです。半円形のこんもりとした樹形にするには、若木の時期の落葉期に、地面から20㎝ほどの位置にある芽の上で剪定するようにします。そこから枝が増え、半円形になってきます。

アメリカアジサイ‘アナベル’

アナベルはほかのアジサイと違って、春にできた花芽がその年の初夏に開花するため、落葉後の冬でも花芽を気にせず剪定することができます。枝の下のほうで切る強剪定をすると勢いのある枝が伸び、花数は減りますが花径が大きくなります。上のほうで切る弱剪定は、花径は小さくなりますがたくさんの花がつきやすくなります。

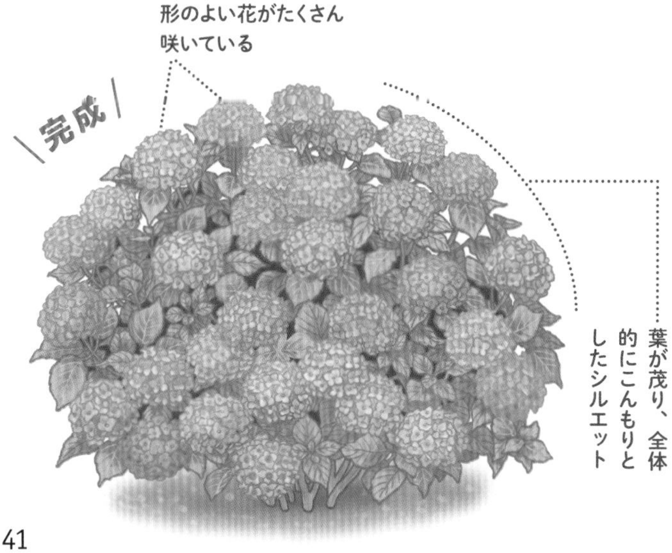
形のよい花がたくさん
咲いている
＼完成／
葉が茂り、全体的にこんもりとしたシルエット

3 不要な枝を整理する

枯れ枝はつけ根から切り取ります。株立ちの枝が混み合っている場合は、太く古い枝を地際から切って整理します。

ウメ

おもに花を観賞する花ウメと、実を収穫する実ウメがあります。

基本データ

科　属	バラ科サクラ属
タイプ	落葉広葉樹
樹　形	幹立ち
樹　高	5〜10m

剪定カレンダー

(月)	花	剪定
1	開花	剪定
2	開花	
3	開花	剪定
4		
5		剪定
6		剪定
7	花芽	
8	花芽	
9		
10		
11		
12		剪定

剪定のポイント

◆長枝は花芽を残して切る。花芽は短枝につくので短枝は切らない。
◆実ウメは主幹が横に伸びる開心自然樹形を意識するとよい。
◆花ウメは花後の3月に、各枝を3〜6芽を残して切り取る。

※ウメの枝の先端は必ず葉芽になるので、先端を切り取ると短枝が増える。

冬 剪定 12〜1月

実ウメの場合

1 開心自然樹形をつくる

1〜2年目の若いうちに主幹を切りつめて、下から枝を数本出させます。その枝（将来の主幹）を横に広げるように育てると、樹高が低めの開心自然樹形になります。

2 不要枝を切る

徒長枝や、混み合ったふところ枝、下り枝や立ち枝のような不要枝（➡P25）を切り取ります。

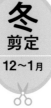

3 長枝を残す

長枝には花芽があまりつきませんが、将来のために残し、先端だけ切り戻します（➡P26）。こうすることで、花芽をつける短枝を増やします。

4 数年に一度切り戻す

毎年剪定していても、徐々に花のつく場所が枝の上のほうばかりになるので、数年に一度低い位置で切り戻して、新しい枝を複数出させ、これを整理して仕立て直します。

5 下枝を切る

幹の下のほうから出る下枝は、樹形を乱すのでつけ根から切り取ります。

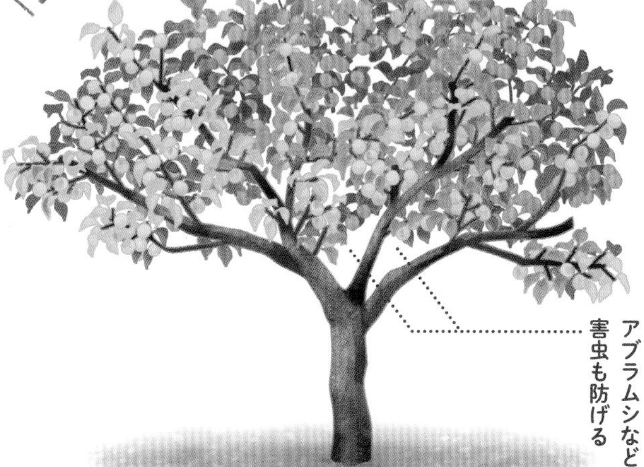
完成
開心自然樹形だとよく日が当たり、実つきがよくなる
剪定で
風通しがよくなり、
アブラムシなどの
害虫も防げる

春 剪定 3～4月（上旬）

冬 剪定 12～1月

花ウメの場合

1 不要枝を切る

冬は葉が落ちているので、枝の向きを確かめながら、下り枝、ふところ枝、交差した枝など樹形を乱す不要枝（➡P25）やひこばえ、枯れ枝を切りのぞきます。

2 短枝は切らない

短枝には花芽があることが多いので切りません。

3 花後の剪定

３月に花が終わったら、花がらのあるうちに長い枝を３～６芽残して切り取り、花をつける短枝を多く出させます。

4 高くなりすぎたら強剪定

樹高が高くなりすぎたら、太い枝を間引く強剪定を行い、仕立て直します。太い枝を切るときは、途中の枝のつけ根か、幹とのつけ根で切ります。

5 長い枝は外芽で切る

長い枝を切るときには、外芽（➡P24）の上で切ります。

花後の剪定

夏の様子

枝垂れウメの場合

枝垂れウメは、枝が弧を描くような形に仕立てると美しく見えます。下の枝を長く多くして、上に行くにしたがって数を減らし広がりをせまくしていきましょう。剪定では外芽の上で切り取ると、枝が外を向いて伸びてから下を向くようになります。

夏 剪定

5〜6月（中旬）

花ウメの場合

1 徒長枝を切り取る

夏、徒長枝が出てきたら根元から切り取ります。途中で切ると、切り口近くの芽からさらに徒長枝が出て樹形が乱れることになります。

2 長枝は外芽の上で切る

長枝は外芽の上で切ります。芽のギリギリで切るのも枝を残しすぎてもよくありません。

＼完成／

ウメは葉の前に咲くので、枝ぶりも観賞の対象となる

内向きのふところ枝も、花つきを考えて残すこともある

3 バランスを考えて切る

根元からのひこばえや幹から出た徒長枝、樹冠を飛び出した枝などを切り取ります。

エゴノキ

5月ごろ、下向きの白花を枝いっぱいにつけます。品種によりピンクの花もあります。

夏 剪定
5〜6月（中旬）

1 徒長枝を切る

樹勢が強いので、徒長枝はつけ根から切り取り、樹冠を整えます。

2 不要枝を切る

幹吹きの枝やひこばえなどの不要枝（➡P25）は切り取って、樹勢を抑えながら枝を間引きます。

花芽のつき方
今年伸びた短枝の葉のつけ根に8月ごろにできて、翌年咲きます。徒長枝には花芽はできません。

基本データ

科　属　エゴノキ科エゴノキ属
タイプ　落葉広葉樹
樹　形　幹立ち
樹　高　7〜8m

剪定カレンダー

月	作業
1	剪定
2	剪定
3	
4	
5	開花・剪定
6	剪定
7	花芽
8	花芽
9	
10	
11	
12	

（月）

剪定のポイント

◆樹冠から飛び出した枝、幹吹き、ひこばえなどの不要枝を切る。
◆徒長枝を途中で切って短枝を出させ、花数を増やす剪定もある。
◆背が高くなるので、2mほどのところで主幹を切って高さを抑える。

※シダレエゴノキという枝が枝垂れる品種は、外芽の上で枝を切り、ふくらんだ形にする。

冬
剪定
1～2月
（中旬）

1 コンパクトに保つ

背が高くなるので、若木のころから主幹を２mほどの高さで切り取り、毎年、樹冠から飛び出した枝を切りつめて、コンパクトに保つようにします。

2 不要枝を切る

樹冠から飛び出した枝、幹吹き、ひこばえ、混み合った枝などの不要枝を切って、風通しをよくし樹形を整えます。

3 徒長枝を生かして枝数を増やす

徒長枝は基本的に根もとから切り取りますが、４～５芽を残した途中での外芽の上で切ると、短枝が増えて花数を増やすことができます。

＼完成／

枝が混みすぎて
日当たりが悪くなると、
花つきが少なくなる

風通しがよく、
向こうが透けて見える程度の
枝数にして涼しげに

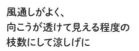

カラタネオガタマ

淡い黄色の小さな花はあまり目立ちませんが、バナナのような甘い香りがします。

基本データ

科　属　モクレン科オガタマノキ属
タイプ　常緑広葉樹
樹　形　幹立ち
樹　高　3～5m

剪定カレンダー

月	作業	
1		
2		
3		
4	開花	
5	開花	剪定
6		剪定
7	花芽	
8	花芽	
9		
10		
11		
12		

(月)

剪定のポイント

◆徒長枝はつけ根から切るが、枝を増やしたいときは4～5芽残す。
◆内部にも日が射すように、混み合った枝などの不要枝を間引く。
◆樹形を乱す枝はつけ根から切り、コンパクトに保つ。

※生長がゆっくりで扱いやすい木。寒風や乾燥をきらい、半日陰を好む性質がある。

夏 剪定

5～6月
(中旬)

1 コンパクトに保つ

横や上に伸び広がらないように、卵形や円錐形などの樹形を思い描き、そこからはみ出した枝を切り取って、コンパクトに保つようにします。

2 枝を間引く

木の内部にまで日が射すように、混み合った枝や絡み枝、幹吹き枝などの不要枝（➡P25）を切り取り、枝葉が混み合った部分は葉が重ならないように間引きます。

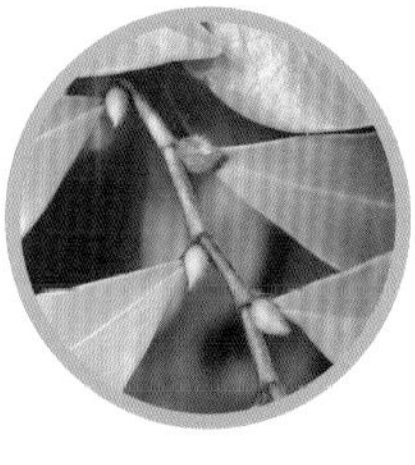

花芽のつき方

その年に伸びた枝の葉のつけ根に、7～8月ごろにできます。花芽はふっくらしていて、褐色の毛におおわれています。

3 徒長枝は切り取る

徒長枝にはほとんど花芽がつかないので、花が終わったころにつけ根から切り取ります。

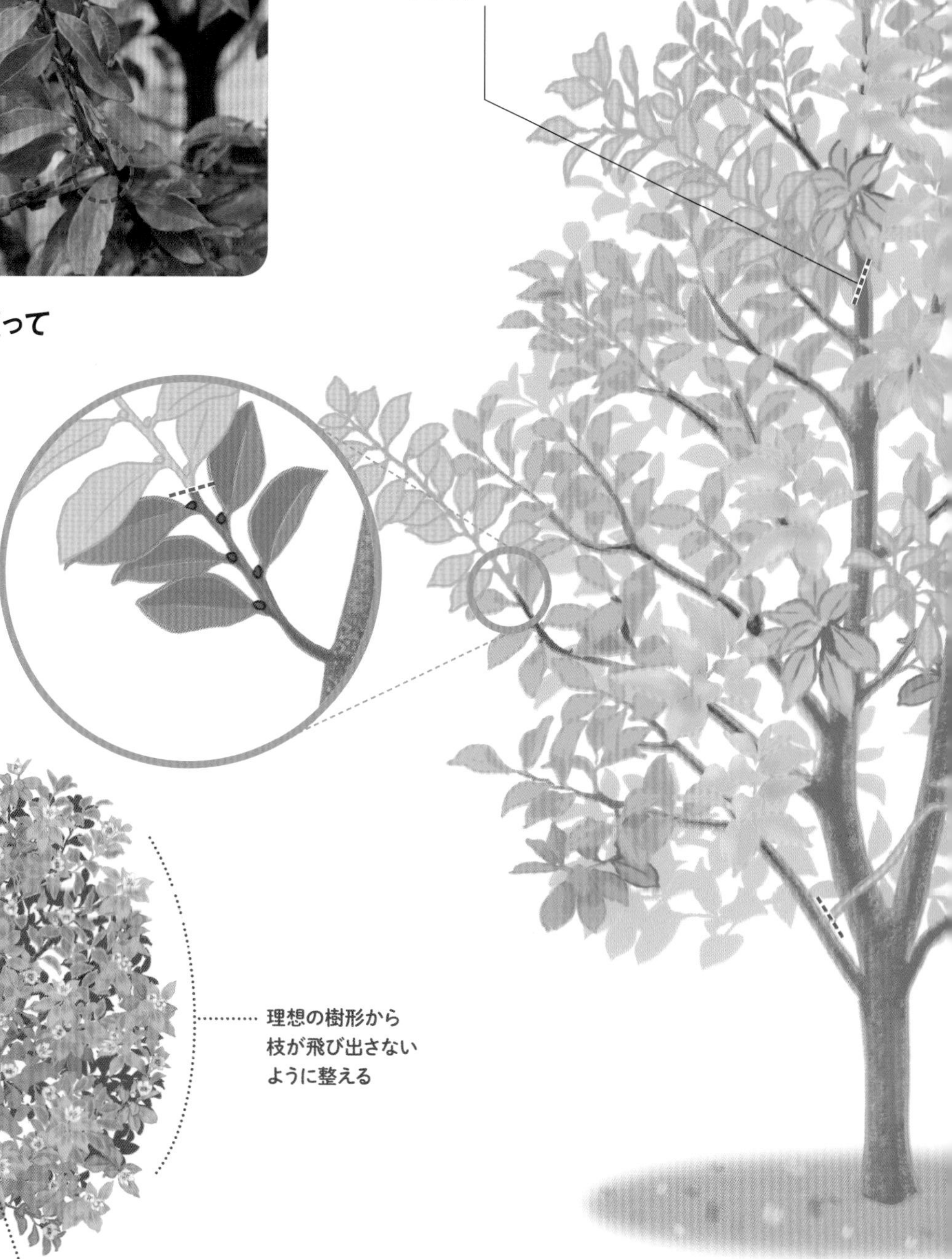

4 徒長枝を使って枝を増やす

徒長枝は、基本的にはつけ根から切り取りますが、枝を増やしたいときは、4～6芽を残して切り、花芽のつく枝が出るのをうながします。

完成
理想の樹形から枝が飛び出さないように整える
木の内部にまで光が届くように、枝を透かす

カルミア

星型のつぼみで房状に花をつけます。別名アメリカシャクナゲやハナガサシャクナゲ。

基本データ

科　属	ツツジ科カルミア属
タイプ	常緑広葉樹
樹　形	株立ち
樹　高	1～3m

剪定カレンダー

月	作業
1	
2	
3	
4	
5	開花、剪定
6	剪定
7	花芽
8	花芽
9	
10	
11	
12	

(月)

剪定のポイント

◆花後、種子ができる前に花がらを摘む。
◆株を大きくしないように、上のほうは小さい枝を残す。
◆つぼみを、株全体のバランスを見ながら半分くらいに減らす。

※いくつかの種類があるが、どれも乾燥を嫌い、日陰に植えると花つきが悪くなる。

夏 剪定
5～6月(中旬)

1 花がらを摘む

花がらをつけたままにして種子ができると、新しい枝のできるのが遅れて花芽がつきにくくなります。花後はできるだけ早く、花がらを房ごと摘みます。

剪定前

剪定後

花芽のつき方
今年伸びた枝の先端に7～8月につくられます。種子ができると花芽ができにくくなります。

2 上のほうは小さい枝を残す

大きくなってしまった株を小さく仕立て直すことはできないので、株が小さいころから、上のほうのふたまたに分かれた部分は、大きいほうの枝を切り小さいものを残します。

3 枝は分岐点で切る

生育が遅く、あまり樹形も乱れず育てやすいのですが、枝を切るときは、必ずほかの枝との分岐点の5㎜程度上で切るようにします。

4 つぼみを摘む

隔年開花の性質があり、たくさん花を咲かせると翌年は花が少なくなります。そのため、11月ごろ、つぼみを房ごと摘み取って半分くらいに減らします。

\ 完成 /

全体にこんもりとしたシルエットに保つ

1株にたくさん咲かせすぎると、翌年は花が少なくなりやすい

キョウチクトウ

花がモモ、葉がタケに似ているところから「夾竹桃」と呼ばれています。

基本データ

科　属　キョウチクトウ科キョウチクトウ属
タイプ　常緑広葉樹
樹　形　幹立ち
樹　高　4～5m

剪定カレンダー

月	花芽・開花	剪定
1		
2		
3		
4		
5	花芽	
6		
7	開花	
8		
9		剪定
10		
11		
12		

(月)

剪定のポイント

◆枯れ枝、古枝、絡み枝、徒長枝などの不要枝をつけ根から切る。
◆株立ち状になっているときは、3~5本残して根元から切り取る。
◆生育が早く大きくなりやすいので、1m程度の高さで切り戻す。

※切り口から出る樹液は有毒で、口に入ると死ぬこともあるため剪定枝の処分にも注意。

夏 剪定
9～10月（中旬）

1 混み合うところは枝数を減らす

株の上のほうで枝数が増えたら、古い枝や重なり合った枝を切りのぞき、枝数を減らします。

2 ひこばえは残さず取る

ふところ枝や根元からのひこばえが発生しやすく、養分や水分をうばってしまうので、見つけしだい切り取ります。

剪定前

剪定後

花芽のつき方
今年伸びた枝の先端に花芽ができ、新しく伸びた枝に次々と花芽ができます。花はその年の夏に咲きます。

3 樹形に合わせて整枝

樹冠から飛び出している枝は、内部の枝のつけ根のところで切ります。途中で切ると小枝が芽吹いて茂りすぎ、内部に日が当たらなくなります。

4 毎年1回、強剪定

萌芽力が強く、丈夫で生長も早いので、毎年１回、地際から１m程度の高さですべての枝を切り取る強剪定して仕立て直してもよいです。

5 株立ちの場合は3～5本に整理

萌芽力が強いため、１カ所に何本も生えて株立ち状になりやすい木です。主枝は３～５本に保つと、管理しやすくなります。

＼完成／

不要枝を切ると新しく伸びた枝にも次々と花をつける

キンモクセイ

オレンジ色の花を枝いっぱいに咲かせ、甘い香りを遠くまで漂わせます。

基本データ

科　属	モクセイ科モクセイ属
タイプ	常緑広葉樹
樹　形	幹立ち
樹　高	5〜10m

剪定カレンダー

月	
1	
2	
3	剪定（下旬）
4	剪定（上旬）
5	剪定
6	剪定
7	
8	花芽
9	花芽・開花
10	花芽・開花／剪定
11	剪定
12	

（月）

剪定のポイント

◆剪定は花後か春。寒い地方では春（3〜4月）に剪定する。

◆小さい庭では高さ2〜3m程度で主幹を切り取り、高さを保つ。

◆枝が3本に分かれて混んでいる部分は、中央の枝を切る。

※花が白色のギンモクセイや淡黄色のウスギモクセイなども同じように剪定する。

冬 剪定 10〜11月（中旬）

夏 剪定 5〜6月（中旬）

春 剪定 3〜4月（下旬）（上旬）

1 中央の枝を間引く

枝が3本に分かれ密集している部分では、中央の枝を元から切り、残りの2本も葉を2〜4枚残して間引きます。

2 不要枝を切り取る

枯れ枝、下り枝、徒長枝、ふところ枝などの不要枝（➡P25）を切り取って整理し、風通しをよくして管理します。

3 下枝を切る

樹形が乱れるので、幹から出る下枝はつけ根から切り取ります。

花芽のつき方

春から伸びた新しい枝の葉の脇に8月ごろつき、その年の秋に咲きます。夏になっても伸び続けている徒長枝には花芽がつきません。

4 上部の枝ほど深く切る

樹冠の上部の枝ほど勢いがあってよく伸びるので、深めに切ります。横面も理想形からはみ出した枝を切り、樹形を保ちます。強く飛び出した枝は季節を問わずいつでも切れます。

5 大きくなったら高さを低く抑える

キンモクセイの仲間は各地に巨樹巨木が知られるほど、背が高くなります。小さい庭では、２～３m程度を目安に、枝の出ている上で主幹を切り取り、コンパクトに育てます。

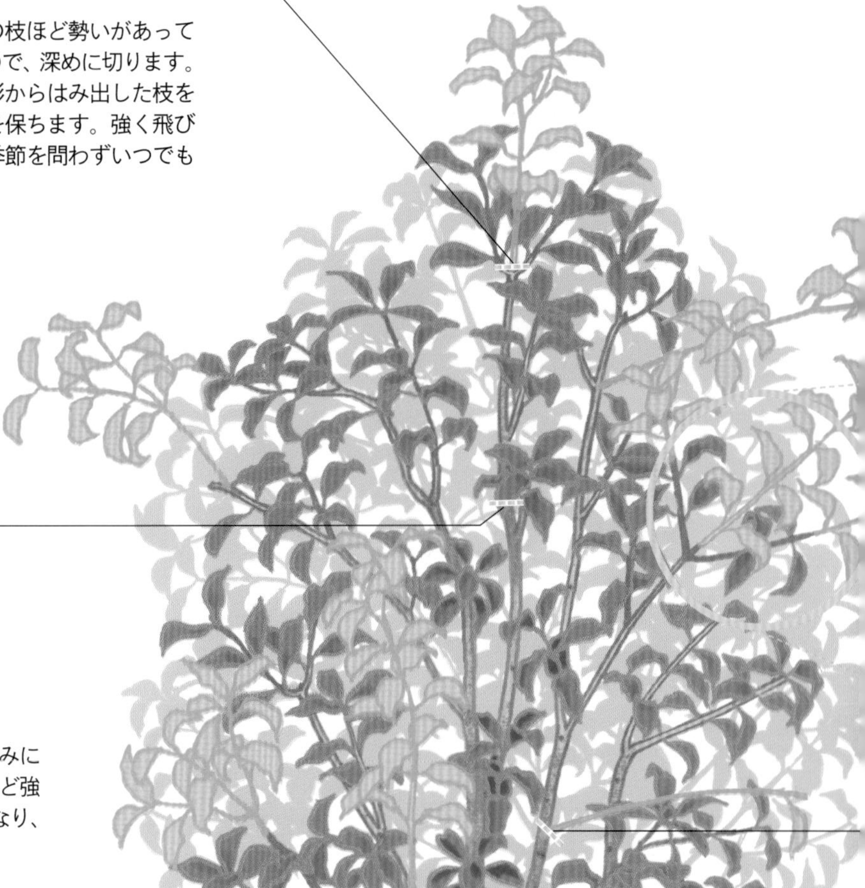

6 強く刈り込むと木が弱る

生け垣にも使われるほど刈り込みにも耐えますが、葉がなくなるほど強く刈り込むと小枝が枯れやすくなり、木が弱るので注意します。

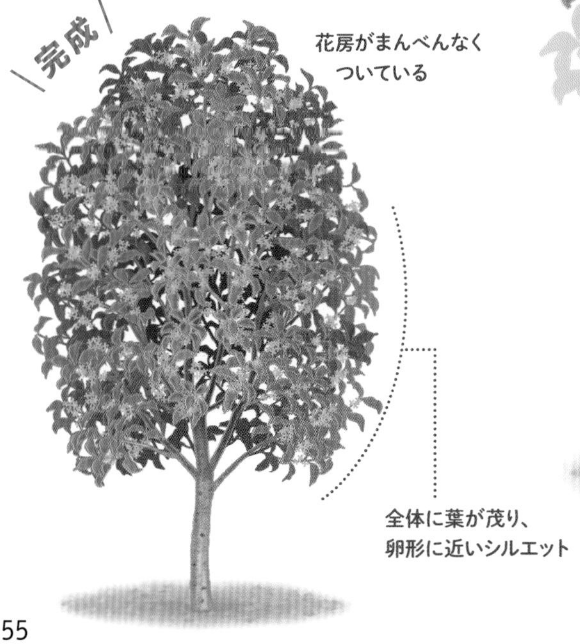
完成
花房がまんべんなくついている
全体に葉が茂り、卵形に近いシルエット

クチナシ

白い花は強い芳香をもちます。八重咲きや樹形の小さいコクチナシもあります。

基本データ

科　属　アカネ科クチナシ属
タイプ　常緑広葉樹
樹　形　株立ち
樹　高　1〜2m

剪定カレンダー

1 2 3 4 5 6 7 8 9 10 11 12 (月)

開花
剪定
花芽

剪定のポイント

◆剪定は花の終わったあとすぐに行う。
◆間引き剪定で風通しをよくする。
◆大きくなったものを切り戻しする場合は、7月上旬までに行う。

※地面から複数の枝を出す株仕立てが多いが、幹の一本立ちに仕立てる方法もある。

夏 剪定
6〜7月
(中旬)(上旬)

1 花後、すぐに剪定

結実させて実を収穫した枝は、翌年は花を咲かせません。翌年も花を咲かせたいなら花が終わったらすぐに剪定します。枝を切るときは、葉のついている節のすぐ上で切ります。

NG
節と節のあいだで切ると、枝が枯れ込みやすくなります。

2 切り戻し剪定は7月上旬までに

株全体が大きくなりすぎたら、花が咲いていても7月上旬までに切り戻し剪定(➡P26)を行って、小さく仕立て直します。勢いよく長く伸びた枝は、枝のつけ根のところで切ります。

花芽のつき方
春、新梢の生長とともにつぼみがつくられ、その年開花。
夏、花後に伸びた枝に花芽ができて翌年咲きます。

3 樹形から飛び出す枝を切る

生長が遅く、あまり手をかけなくても自然な樹形になりますが、樹形から飛び出すような枝があれば、花後、なるべく早く樹冠の内部で、葉を3～6枚残して切り戻します。

4 混み合った枝を間引く

あまり枝が密につく木ではないのですが、混み合った枝や重なった枝などはつけ根から切り取り、風通しをよくします。

5 不要枝を切る

徒長枝やひこばえ、内向き枝など不要枝（➡P25）はつけ根から切ります。

完成
葉がこんもりと茂り、
全体に丸く自然なシルエット
樹冠の表面に
まんべんなく
花がついている

コデマリ（シモツケ）

白い小花をドーム状にたくさんつける姿がマリのように見えます。

基本データ

科　属　バラ科シモツケ属
タイプ　落葉広葉樹
樹　形　株立ち
樹　高　1.5m

剪定カレンダー

月	開花・花芽	剪定
1		剪定
2		
3	開花	
4	開花	
5		
6		剪定
7		
8		
9	花芽	
10	花芽	
11		
12		剪定

（月）

剪定のポイント

◆冬の剪定は不要枝や混み合った枝の整理にとどめる。
◆背が高くなりすぎた枝は、枝の分かれ目まで切る。
◆4～5年に一度、地際からすべての枝を切り、株を新しくする。

※シモツケは花後に強剪定すると、約1.5カ月後に再び開花する。

夏 剪定 6月

1 不要枝を切る

下枝や枯れ枝、樹冠から飛び出して樹形を乱す枝などの不要枝（➡P25）を整理します。枝を切るときは枝のつけ根から切り取ります。

2 花をたくさんつけた枝を切り戻す

花をたくさんつけた枝は、新しく伸びている枝との分かれ目で切り戻します。

3 古い枝を整理する

株が大きくなってきたら、古い枝を根元から切り取って、株全体の風通しをよくします。

花芽のつき方

今年伸びた枝には花は咲きません。
今年伸びた枝の葉のつけ根に、秋に花芽ができ、翌年咲きます。

冬
剪定
12～1月

1 冬は整理する程度で

冬のあいだは枝に花芽がついているので、強く剪定すると翌年花が咲かなくなります。不要枝や混み合った枝の整理にとどめます。

2 高くなりすぎた枝を切りつめる

樹冠から飛び出すほど高くなった枝は枝の分かれ目まで切りつめます。

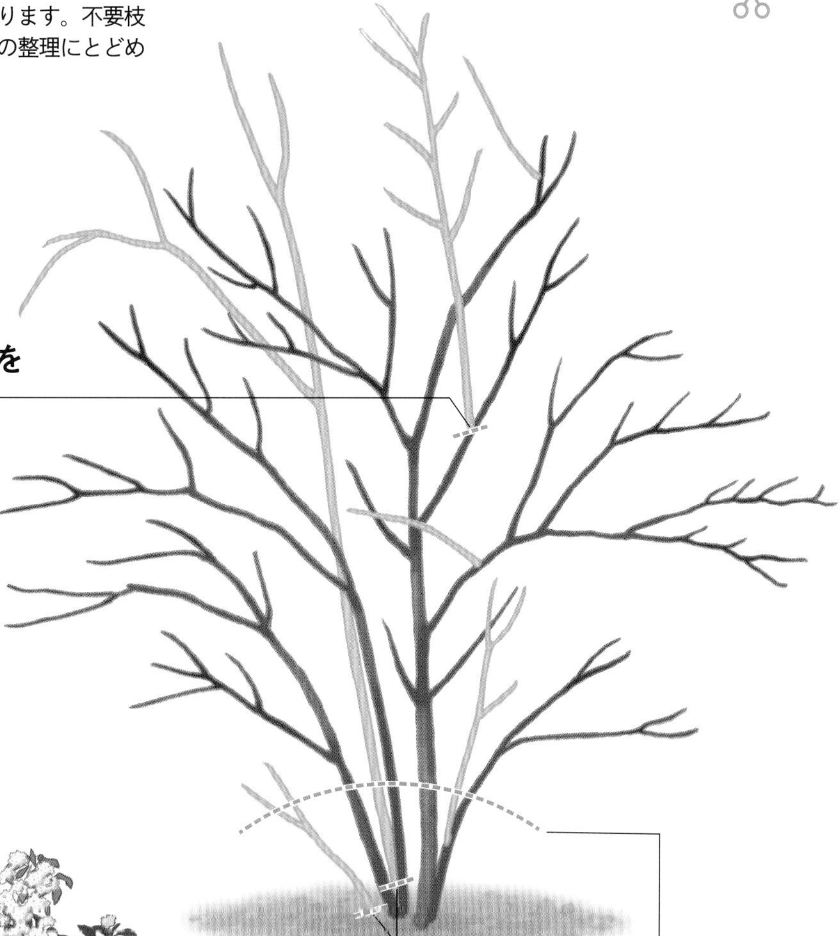

3 株を新しくする

枝が古くなると徐々に花つきが悪くなるので、4～5年に一度、株を新しくさせるために、すべての枝を地際から切り取り、新しい枝を出させます。

4 不要枝はつけ根から切る

徒長枝、下り枝、ふところ枝などの不要枝は、枝のつけ根から切り取ります。

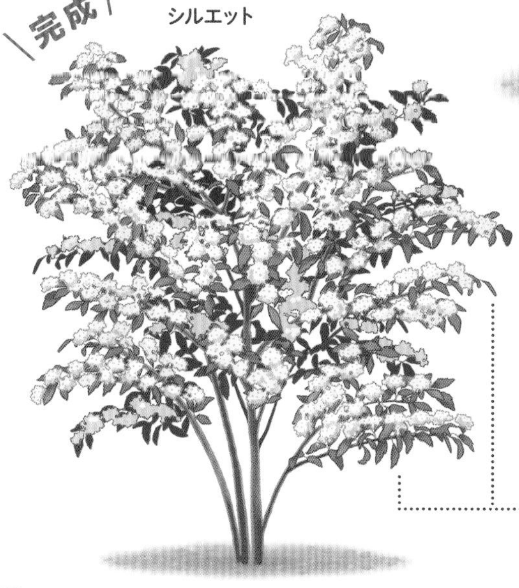
完成
無駄な枝がなく、のびのびとしたシルエット
枝が弓なりに枝垂れる自然な樹形

サクラ

庭木にはオカメザクラ、ゴテンバザクラ、マメザクラ(フジザクラ)など小型種が向きます。

夏 剪定

5〜6月(中旬)

1 不要枝を切る

徒長枝や細い枯れ枝は切り取って、日当たりや風通しをよくします。

2 下枝を切る

幹から直接出る胴吹きや下枝はつけ根で切り取り、養分や水分が上部にいきわたるようにます。

花芽のつき方

花後に伸びた短枝の先に、7〜8月にでき、翌春咲きます。長枝にはあまり花芽はできません。

基本データ

科　属　バラ科サクラ属
タイプ　落葉広葉樹
樹　形　幹立ち
樹　高　2〜15m

剪定カレンダー

(月)		
1		
2		
3	開花	
4	開花	
5		剪定
6		剪定
7	花芽	
8	花芽	
9		
10	開花	
11	開花	剪定
12	開花	剪定

剪定のポイント

◆混み合った枝を切り、樹冠の内部の日当たりや風通しをよくする。
◆若木のころからまめに剪定をし、コンパクトな大きさの木に保つ。
◆枝元にある丸いふくらみ（ブランチカラー）を残して切る。
※切り方によっては、菌が入り込んで枯れることがあるので注意が必要。

ふくらみ

1 不要枝を切る

下がり枝、立ち枝、ひこばえ、徒長枝などの不要枝（➡ P25）を切り取ります。切る際は、枝のつけ根にある丸いふくらみ（ブランチカラー）を残し、その上を切ります。ブランチカラーには防御層という菌の侵入を防ぐ組織があり、傷口を覆うカルス（細胞）を速やかにつくります。

冬
剪定
11〜12月

2 長枝を切る

長枝は枝分かれしているところから切りますが、長枝から短枝を出させるときには、枝元から４〜6芽を残して外芽（➡ P24）の上で切ります。残した芽が伸びて花芽ができます。

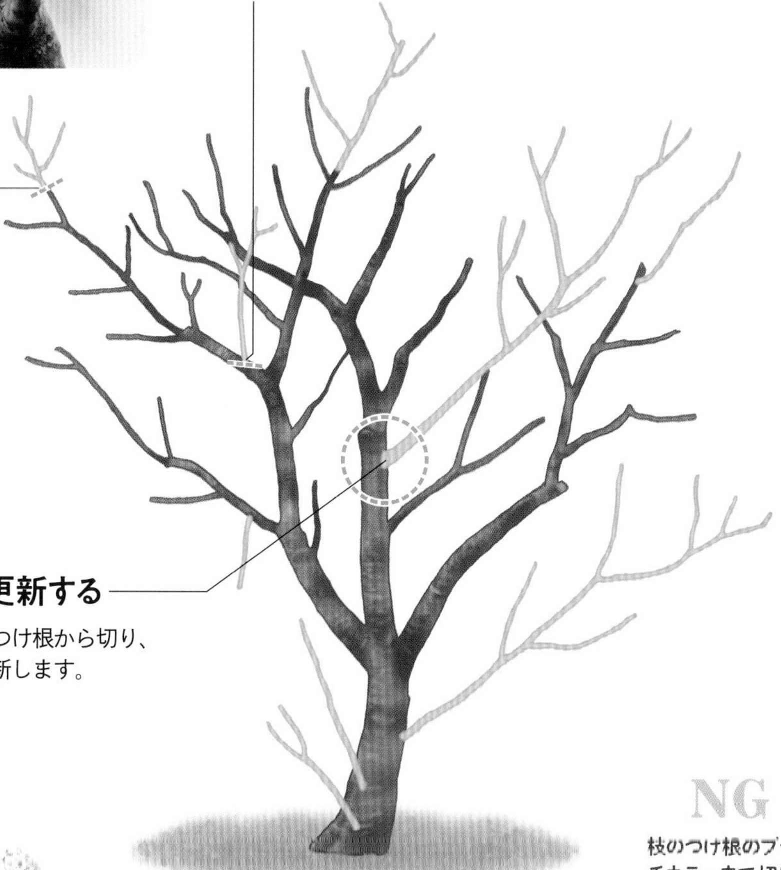

3 若い枝に更新する

古くなった太い枝をつけ根から切り、若い枝を出させて更新します。

完成
枝ぶりの
バランスがいい
どの枝にも
まんべんなく
花が咲く

NG
枝のつけ根のブランチカラーまで切り落とすと、切り口から菌が入って枯れる原因になります。

NG
枝のつけ根から何センチかを残して切ると、菌が入って枯れやすくなります。

サザンカ

日陰に強く生垣などにも向いています。サザンカの一種にはカンツバキがあります。

基本データ

科　属　ツバキ科ツバキ属
タイプ　常緑広葉樹
樹　形　幹立ち
樹　高　1～5m

剪定カレンダー

月	開花・花芽	剪定
1	開花	
2	開花	
3	開花	剪定
4		剪定
5		剪定
6		剪定
7	花芽	
8	花芽	
9		
10	開花	
11	開花	
12	開花	

(月)

剪定のポイント

◆花後なるべく早い時期がよいが、寒さで傷口が傷むので春に行う。
◆強剪定してもよく芽吹くので、刈り込みしてもよい。
◆不要枝を切り取って、日当たりと風通しをよくする。

※カンツバキは冬に咲くので、花後ではなく寒さがゆるむ3月下旬に剪定する。

夏剪定 5～6月（中旬）

春剪定 3～4月（下旬）（上旬）

1 花が咲いた枝は葉を残して切る

花後、なるべく早く剪定します。花が咲いた枝は、つけ根から3～5枚葉を残して切り取ります。これにより、春には残した葉の脇から2～3本の新梢が出て、花芽ができます。

2 古くなった太い枝を切る

数年を経た太い枝には花芽はつかないので、太い枝や樹冠から飛び出した枝は、樹冠の中の枝のつけ根の部分で切り取り、花芽をつける枝を増やします。

花芽のつき方

花後に伸びた枝の先のほうに7月ごろにできます。サザンカは花芽のできた年の秋～冬に咲きます。

3 不要枝を切り取る

徒長枝や混み合った枝、古い枝、内向きに伸びた枝や絡み枝のような不要枝（➡P25）を切り取り、樹冠の中の日当たりや風通しをよくします。

4 刈り込み剪定もできる

毎年強剪定してもよく芽吹くので、刈り込みやすく、生け垣やいろいろな形に仕立てることができます。

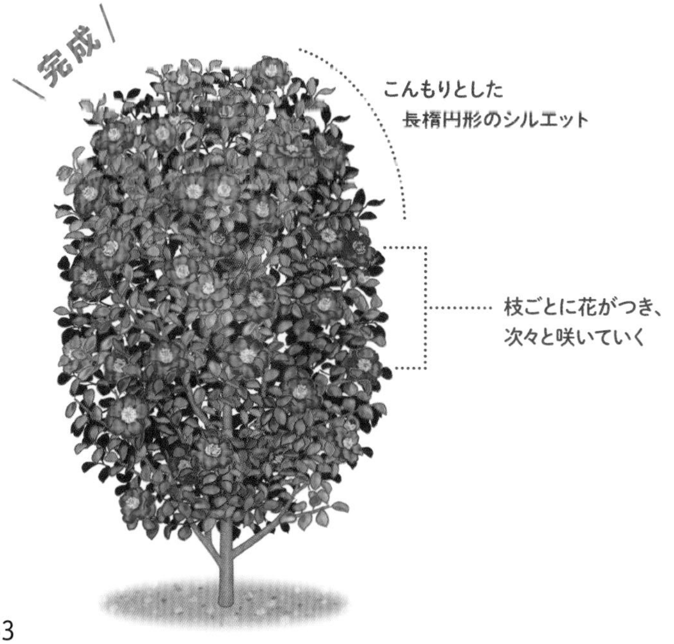
＼完成／
こんもりとした
長楕円形のシルエット
枝ごとに花がつき、
次々と咲いていく

サルスベリ

夏から初秋まで開花期が長く、鮮やかなピンクや白の花を次々とつけます。

基本データ

科　属　ミソハギ科サルスベリ属
タイプ　落葉広葉樹
樹　形　幹立ち
樹　高　1～7m

剪定のポイント

◆庭に合わせて好みの高さで幹を切り落とし、コンパクトに仕立てる。
◆毎年同じところで枝を切る方法と自然樹形にする方法がある。
◆毎年同じところで切り続けてできたコブは、数年に1回切り戻す。

※樹高があまり高くならない小型の品種を選ぶと管理しやすくなる。

剪定カレンダー

夏剪定

10～11月
(中旬)　(中旬)

1 樹形を整える

樹冠より大きく飛び出した枝は、枝のつけ根から切り取り樹形を整えます。

2 不要枝を取りのぞく

徒長枝や胴吹きの枝、内向きの枝などの不要枝（➡P25）を切り取り、樹冠の中の日当たりや風通しをよくします。

3 下枝を切る

幹から出る下枝は樹形を乱すので切り取ります。

つぼみのつき方

春から伸びた新しい枝の先端にできます。今年できたつぼみが、その年に順次咲いていきます。

春
剪定
3〜4月（上旬）

1 前年に花が咲いた枝を切る

前の年に花が咲いた枝を途中から切り、新しい枝が出るのをうながすと、新梢の先に花芽ができて、その年に花が咲きます。

2 毎年、同じ位置で切る

古い枝は、毎年同じ位置で切り取るようにすると、樹形をコンパクトに保つことができ、花もよく咲きます。

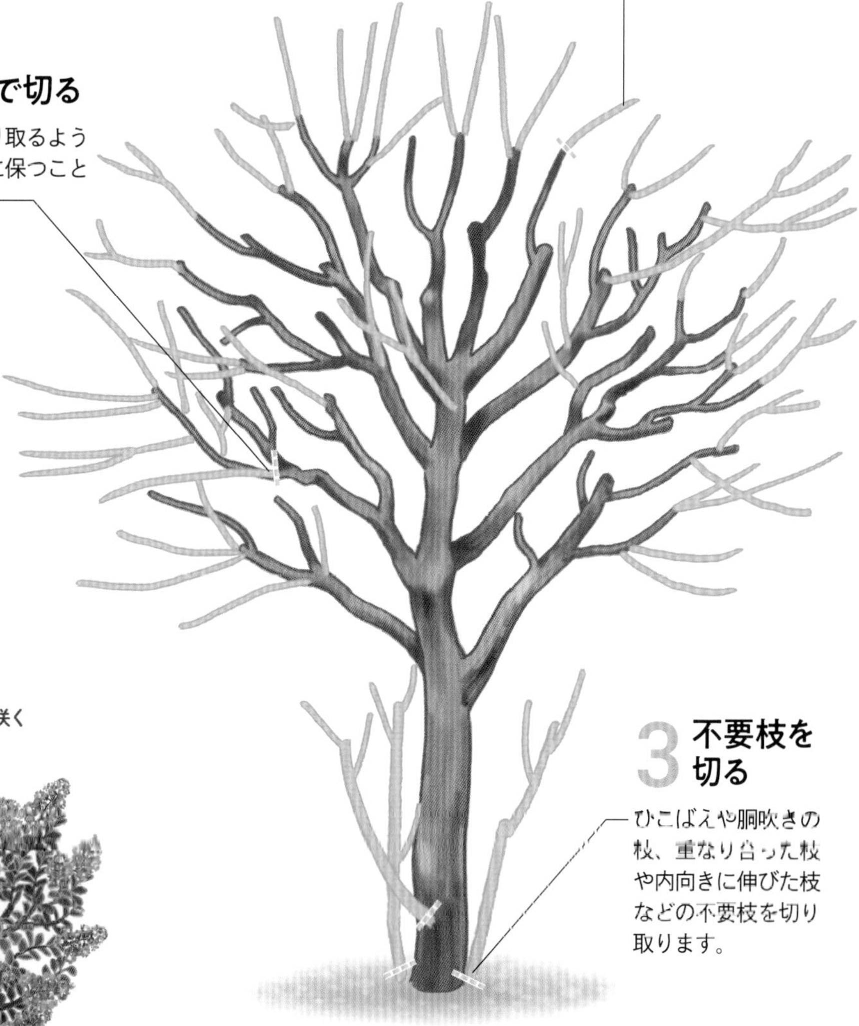

3 不要枝を切る

ひこばえや胴吹きの枝、重なり合った枝や内向きに伸びた枝などの不要枝を切り取ります。

\ 完成 /

木全体に
まんべんなく花が咲く

元気で勢いのよい新梢（新しい枝）が出ると、大きな花房がつく

4 数年に1回コブを落とす

毎年同じ位置で枝を切っていると、その部分がコブのようになってきます。数年に1回、コブの下にある芽の上で切り落とします。

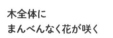

シャクナゲ

ツツジのようなラッパ型の花を球状につけ、庭を華やかにしてくれます。

基本データ

科　属	ツツジ科ツツジ属
タイプ	常緑広葉樹
樹　形	幹立ち、株立ち
樹　高	1〜5m

剪定カレンダー

月	作業
1	摘蕾
2	摘蕾
3	摘蕾
4	剪定
5	剪定、開花
6	剪定、花芽
7	花芽
8	花芽
9	
10	
11	
12	摘蕾

(月)

剪定のポイント

◆花がら摘みや摘蕾をして、新梢の伸びをよくする。

◆放任しても樹形は乱れにくいので、じゃまな枝を切る程度にする。

◆大株にならないように、枝分かれしたら小さいほうの枝を残す。

※多数の品種があり樹高も多様なので、庭の大きさに合わせて品種を選ぶとよい。

夏 剪定
4〜6月（中旬）

1 花がら摘みをする

花が咲いている時期に新梢が伸びて、翌年のための花芽ができるので、花がら摘みをしないと、新梢の発生が遅れて花芽ができないことがあります。花首の下の花茎から切り取ります。

摘蕾で毎年花を楽しむ

12~3月

冬に中央の花芽だけをひねって取る（摘蕾）と、そこから新しい枝が伸びて翌年の花芽がつきます。全体的につぼみが半分ほどになるよう摘み取って花数を制限すると、毎年花を楽しめます。

花芽のつき方

開花期から伸びはじめた新梢の先に花芽ができます。花がらを摘まないと新梢の出が遅れ、花芽ができないことがあります。

枝の途中で切ると枯れ込みやすくなります。

2 不要枝を切り取る

放任しても樹形が乱れにくいので、剪定はじゃまな枝、枯れ枝や徒長枝、樹形を乱す枝などを切る程度にし、切るときは枝のつけ根で切ります。

3 小さいほうの枝を残す

枝分かれしている部分は小さいほうの枝を残し、大きい枝を切るようにすると大株になるのを防げます。

\ 完成 /

四方に同じように伸びたバランスのよい樹形

花数をコントロールして
毎年花を楽しむ

4 芽かきをする

枝先にかたまってついた4つの芽のうち、頂芽（中央にある芽）をかき取ります。残った脇芽を伸ばすとバランスのよい枝ぶりの樹形になります。

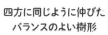

セイヨウバイカウツギ

ウメに似ていますが花弁は4枚です。芳香があり、たくさんの花をつけます。

基本データ

科　属　アジサイ科バイカウツギ属
タイプ　落葉広葉樹
樹　形　株立ち
樹　高　1～2m

夏
剪定
5～6月
(中旬)

1 樹形を乱す枝を切る

徒長枝や混み合った枝、立ち枝や内向きの枝などの不要枝（➡P25）や、樹冠からはみ出した枝をつけ根から切り取って樹形を整えます。

2 古い枝は株元から切り取る

4～5年経った古い枝は花がつきづらいので、株元から切り取り、新しい枝に更新させます。

3 大きくなりすぎた株は更新する

株全体が大きくなりすぎたら、根元から20～30㎝のところですべての枝を切り取ります。翌年は新しい枝が伸びても花は咲きませんが、ここから樹形を仕立て直します。

花芽のつき方

今年伸びた枝の葉のつけ根に7月ごろにできます。翌年、そこから短枝が伸びて花が咲きます。

剪定カレンダー

(月)		
1		剪定
2		剪定
3		
4		
5	開花	剪定
6	開花	剪定
7	花芽	
8		
9		
10		
11		
12		剪定

剪定のポイント

- ◆冬は花芽の存在がわからない時期なので、軽い剪定にとどめる。
- ◆古い枝は花がつかないので、株元から切り取り更新する。
- ◆全体に大きくなりすぎたらすべての枝を切り、全体を更新する。

※日本のバイカウツギもあるが、栽培されているのはセイヨウバイカウツギが多い。

冬
剪定
12～2月

1 軽い剪定にとどめる

花芽がどこにあるのかわからない時期なので、花芽を切り取らないように、長く伸びた枝や混み合ったところを切り戻す程度の軽い剪定にとどめます。

2 樹冠を整える

樹冠をはみ出すように長く伸びた枝は、樹冠の内部のつけ根から切り、樹形を整えます。

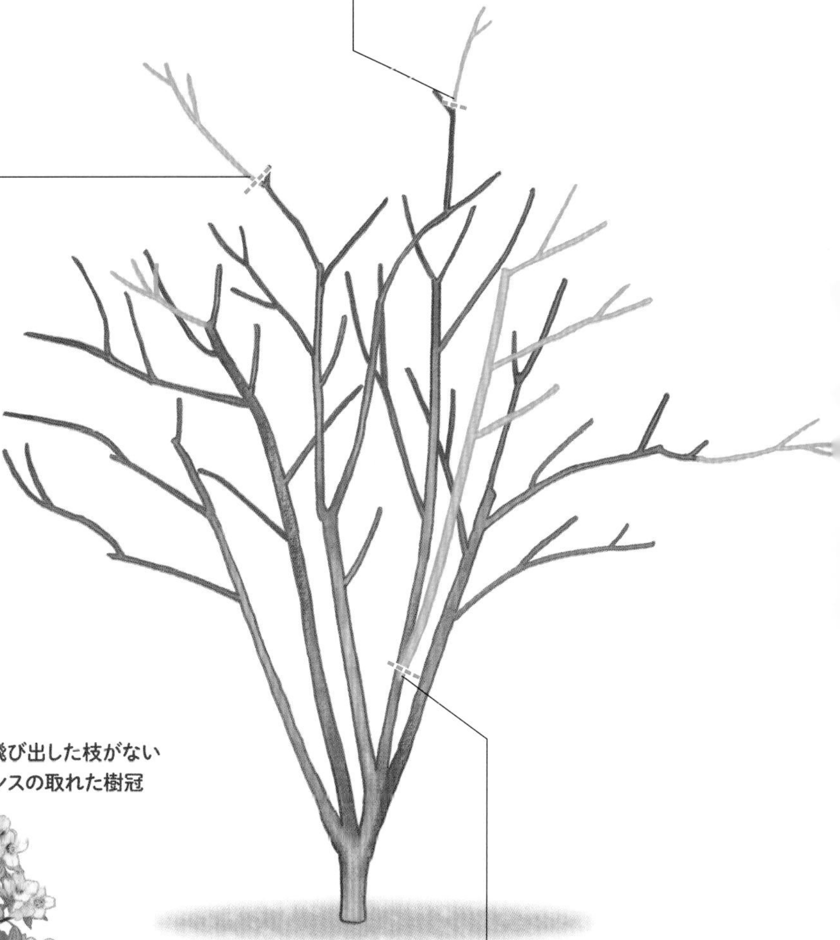

3 株を更新させる

枝数が多いようなら、古い枝をつけ根から切り取って、株を更新します。

＼完成／

高く飛び出した枝がないバランスの取れた樹冠

株全体に花が咲いている

ツツジ・サツキ

クルメツツジ、オオムラサキ、サツキなどの常緑の種類は刈り込みもできます。

基本データ

科　属　ツツジ科ツツジ属
タイプ　常緑広葉樹
樹　形　株立ち
樹　高　1～4m

剪定カレンダー

剪定のポイント

◆常緑性のツツジは、強剪定してもよく芽吹くので刈り込みできる。
◆花がらを取らないと、新芽の出が遅れ花芽がつかないことがある。
◆下枝、枯れ枝、徒長枝など、樹形を乱す枝はつけ根から切る。

※ツツジには落葉タイプもある。落葉タイプの剪定は「ミツバツツジ」（➡P106）を参照。

夏剪定 5～6月(中旬)

刈り込みの場合

1 花がらを摘む

花がらを摘んでおかないと、新梢の出が遅れて花芽ができるまでに枝が充実せず、花芽ができないことがあります。常緑性のものは、刈り込みによって花がらが取れます。

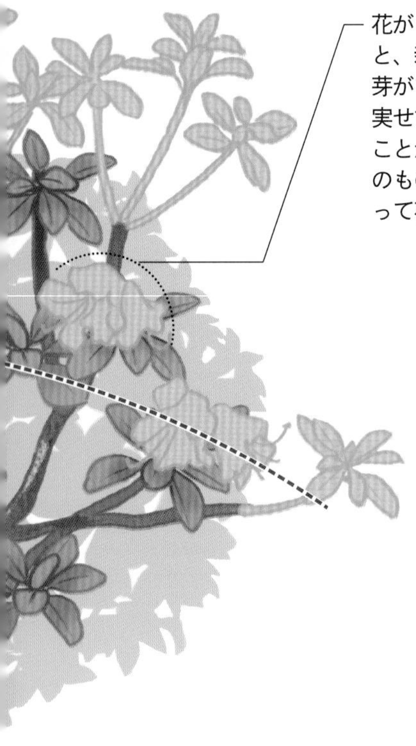

2 ひこばえを取り除く

ひこばえはつけ根から切り取ります。

花芽のつき方

花後すぐ春から伸びた新梢の先に7～8月ごろにつきます。新梢が充実し花芽がつくまでになるには約1カ月半かかります。

3 樹冠から飛び出した枝を切る

樹冠から外に飛び出した枝を切ります。徒長枝の場合は、樹冠の中の枝のつけ根から切ります。

4 強剪定で仕立て直す

常緑性のツツジは強剪定してもよく芽吹いて花を咲かせます。ただし、大きくなりすぎた刈り込みを小さく仕立て直すために強く剪定しすぎると、翌年は花が咲かないことがあります。

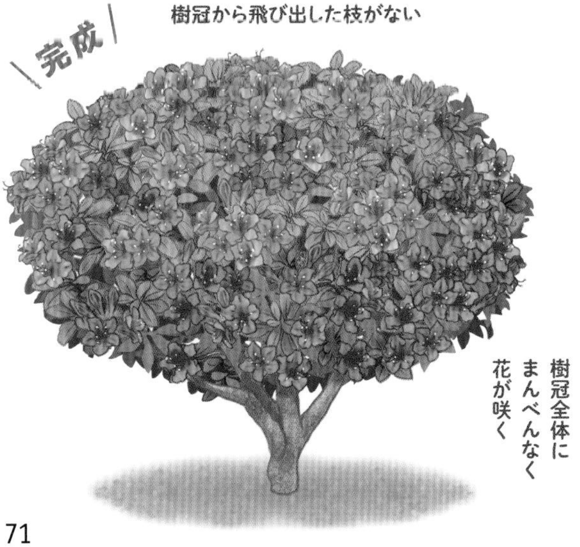
完成
樹冠から飛び出した枝がない
樹冠全体にまんべんなく花が咲く

1 不要枝を切り取る

下枝、枯れ枝、徒長枝、樹形を乱す枝などの不要枝(➡P25)を切り取ります。切るときは枝のつけ根で切ります。

NG

自然樹形の場合は、枝の途中で切ると見栄えが悪くなります。

2 花がらを摘む

花がらをつけたままにしておくと、新梢の出が遅れて花芽ができるまでに充実しないため、翌年は花が見られないことがあります。

3 枝を透かす

枝が密集しているところは２～３本の枝を残して余分な枝を切り取り、日当たりや風通しをよくしてやります。切り取る枝はつけ根から切ります。

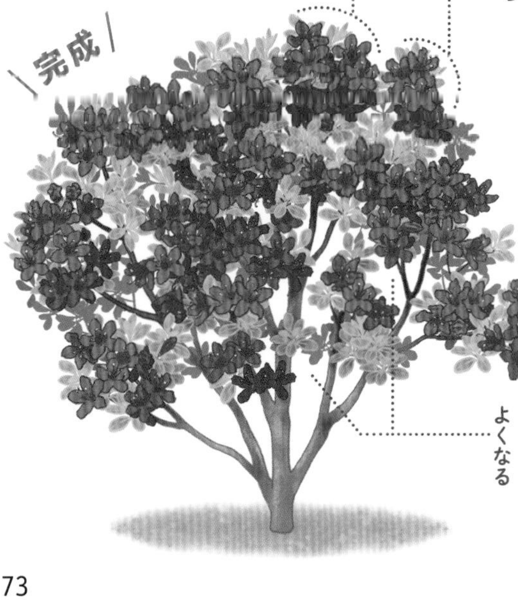
花が枝先に集まって咲く
完成
枝数が減り、風通しや日当たりがよくなる

ツバキ

光沢のある葉が特徴で、サザンカと似た花をつけます。園芸品種も数多くあります。

基本データ

科　属　ツバキ科ツバキ属
タイプ　常緑広葉樹
樹　形　幹立ち
樹　高　1～5m

剪定カレンダー

月	
1	開花
2	開花
3	開花／剪定
4	剪定
5	剪定
6	剪定
7	花芽
8	花芽
9	
10	開花
11	開花
12	開花

(月)

剪定のポイント

◆剪定は花後すぐがベスト。4月中旬～5月上旬は避ける。
◆混み合った枝を切って、樹冠内の風通しをよくしてやる。
◆強剪定は5～6年に一度にとどめる。

※触れると皮膚炎を起こすチャドクガがつきやすい。葉を食べられた跡があれば注意。

夏 剪定 5～6月 (中旬)

春 剪定 3～4月 (下旬)(上旬)

1 一般の枝は芽を残して切る

花芽は枝の先端につきます。花が咲いた枝は枝元のたけのこのような葉芽を2～3残して外芽（➡P24）の上で切ります。花が咲かなかった枝は枝元から3～4芽を残して外芽の上で切ります。

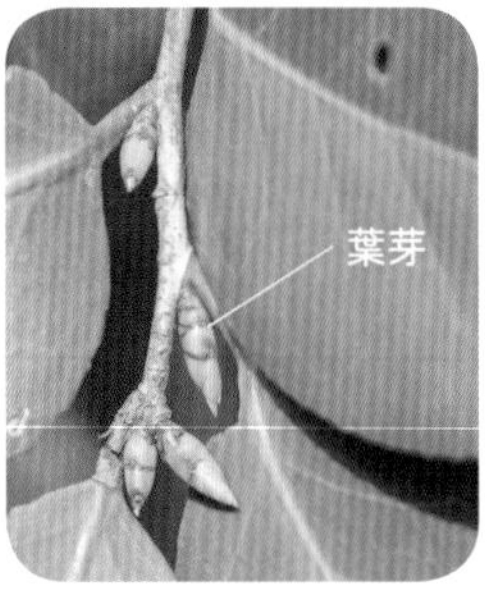

2 不要枝をつけ根から切る

樹冠から飛び出した徒長枝、立ち枝、内向きの枝、ふところ枝などの不要枝（➡P25）を枝のつけ根から切ります。

花芽のつき方

7月ごろ、花後に伸びた新しい枝の先のほうにつきます。剪定により新梢を増やすと花数が多くなります。

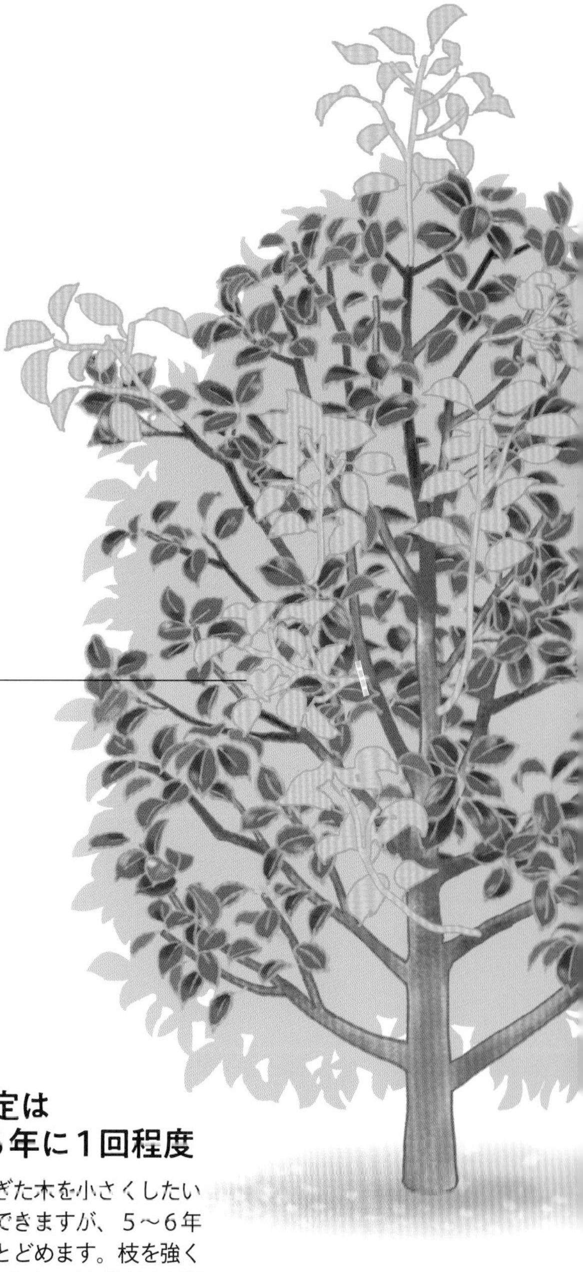

3 風通しをよくする

混み合った部分は枝をつけ根から間引いて、内部まで風や光が通るようにします。

風が通るように
ほどよく透かした樹冠
完成
木全体に花芽がついて、次々と咲く

4 強剪定は5～6年に1回程度

大きくなりすぎた木を小さくしたいときは強剪定できますが、5～6年に1回程度にとどめます。枝を強く（短く）切るときも、必ず枝元の葉を1～2枚程度残します。

テイカカズラ（ハツユキカズラ）

甘い芳香をもつ小さな白い花を咲かせ、秋には紅葉も楽しませてくれます。

基本データ

- 科　属　キョウチクトウ科テイカカズラ属
- タイプ　常緑広葉樹
- 樹　形　つる性
- 樹　高　つるの長さ５～10ｍ

剪定カレンダー

剪定のポイント

◆生育旺盛なので毎年剪定し、大きさを保つ。
◆つるを伸ばす高さを決めておき、伸びすぎたら切り戻す。
◆地際の下枝はつけ根から切り取っておく。

※同じつる性のハツユキカズラも同じ剪定方法でよい。

夏 剪定 5～6月（中旬）

1 側枝を整理する

主枝から横に伸びる側枝を整理することで大きさを保つことができます。側枝を切るときは、枝のつけ根から２～３節分の葉を残して切るようにし、花芽をつける新梢を増やすように剪定します。

花芽のつき方

今年伸びた新しい枝の先のほうにつきます。7～8月にできた花芽が、翌年に咲きます。

2 伸びすぎた枝を切る

丈夫で、放っておくとどんどんつるが伸びます。伸びすぎて樹冠を飛び出した枝は切り戻しましょう。枯れ枝や細い枝も取り除きます。枝を切るときは、葉のすぐ上で切ります。

3 下枝を切る

フェンスや壁など平面に這わせるときは主幹を2～3本に、ポール仕立ては1～2本にしておくと扱いやすくなります。下枝はつけ根から切っておきましょう。

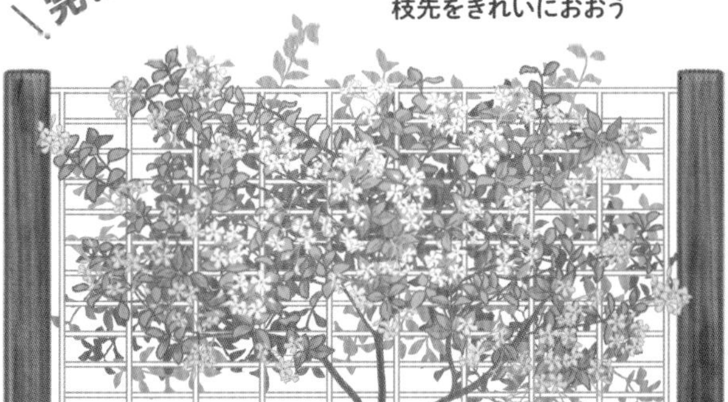
完成
房状に花がつき、
枝先をきれいにおおう
厚くなりすぎないよう
適度につるが整理されている

ドウダンツツジ

春の花、夏の緑、秋の紅葉、落葉後の枝ぶりと、四季折々に楽しめる低木です。

基本データ

科　属	ツツジ科ドウダンツツジ属
タイプ	落葉広葉樹
樹　形	株立ち
樹　高	1～3m

剪定カレンダー

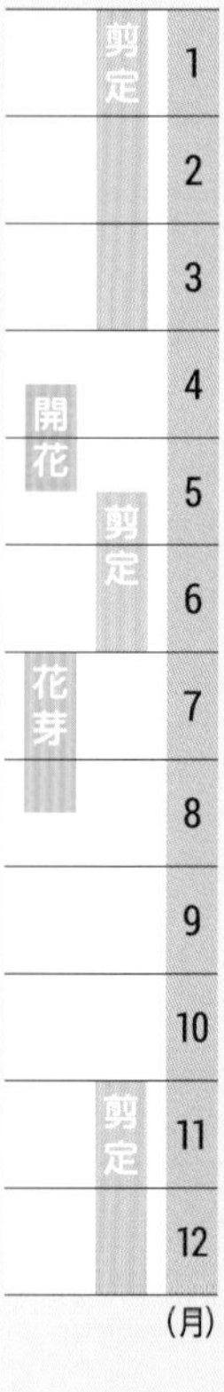

剪定のポイント

◆夏の剪定は花後すぐに、不要枝を整理して花がらを刈り取る。
◆自然樹形の場合は、細い枝を残すとやわらかく仕上がる。
◆刈り込み剪定の形づけは落葉期に行う。

※放っておくと樹形が乱れやすいタイプなので、少なくとも冬の剪定は毎年行う。

夏 剪定
5～6月（中旬）

1 花後に不要枝を切る

剪定は花後なるべく早く行います。強く伸びた枝を、つけ根から切っておきます。つけ根から切ることで、樹冠の中まで光が入り、陰になった枝の葉つきが悪くなるのを防ぎます。

2 刈り込みの場合は花がらを刈る

生け垣や玉仕立てなど刈り込み剪定（➡P28）をしている場合は、花後なるべく早く花がらを切り取るように刈り込みます。この時期に剪定すると新芽が伸び、美しい紅葉を楽しむことができます。

花芽のつき方
今年伸びた短枝の先端に花芽がつきます。7～8月にできた花芽が、翌年に咲きます。

冬
剪定
11～3月

1 不要枝を整理する

徒長枝、内向きの枝、樹冠から飛び出した枝などをつけ根から切り取ります。枝が混み合った場所は間引きますが、細いほうの枝を残すようにすると、やわらかい樹形になります。

2 太い枝から切る

細い枝を細かく切るよりも、太い枝から切っていくと作業が楽になります。全体の枝の流れを見ながら、太い枝を整理しましょう。太い枝もつけ根から切り取り、樹冠の内部まで光が入るようにします。

3 刈り込みは1年前より外側を刈る

刈り込み剪定では最初に、樹冠から飛び出している太い枝を樹冠内部の深い位置で切る「飛び取り」（➡ P29）をすると仕上がりがきれいになります。刈り込みは、1年前の刈り込み位置より1～2㎝外側で切って形を整えます。

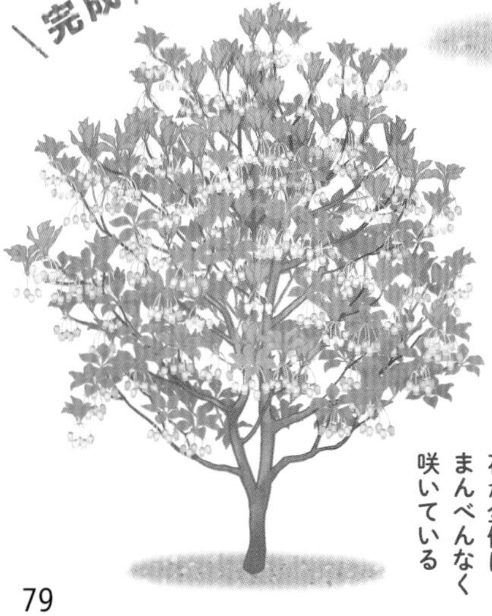
ふんわりと
やわらかい雰囲気を
感じさせる樹形
完成
花が全体にまんべんなく咲いている

4 切り口の目立つ枝を切る

刈り込みした後に、太い枝の切り口が見えていると仕上がりが汚く見えます。切り口が目立たないように、つけ根から切っておきましょう。

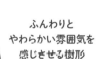

夏
剪定
5〜6月
(中旬)

冬
剪定
10〜1月
(中旬)

1 芯を止める

自然樹形も生け垣も、まずは若木のうちに好みの高さで主幹を切り取り、芯を止めます。

2 枝数を増やすように切る

芯を止めた後は、すぐ下から横に伸びる枝を、葉を２〜３枚残して切ります。さらに下の枝も葉を残しながら、末広がりになるように切っていきます。葉の上で切ることで、枝数が増えます。

花芽のつき方 今年伸びた短枝に7〜8月ごろにつくられ、翌年咲きます。長く伸びた枝にはほとんど花芽はできません。

トキワマンサク

細いひも状の花弁が特徴的で、初夏には枝いっぱいに花をつけます。

基本データ

科　属　マンサク科トキワマンサク属
タイプ　常緑広葉樹
樹　形　幹立ち
樹　高　3〜6m

剪定カレンダー

月	開花・花芽	剪定
1		剪定
2		
3		
4		
5	開花	剪定
6		剪定
7	花芽	
8	花芽	
9		
10		剪定
11		剪定
12		剪定

(月)

剪定のポイント

◆花を楽しむ場合は、花が終わってから剪定する。
◆不要枝を切るときは、必ず枝のつけ根で切る。
◆長く伸びた枝を切り戻すときは、必ず葉を数枚残して切る。

※ベニバナトキワマンサクも同じ剪定でよい。

3 不要枝を切り取る

樹冠から飛び出した徒長枝や、内向きの枝、胴吹きの枝などの不要枝（➡P25）を切り取り、樹冠内を透かすことで風通しがよくなります。枝はつけ根でしっかり切りましょう。

4 長い枝を切り戻す

長く伸びた枝は、好みの長さで切り戻しますが、その場合も、葉を数枚残して、あるいは横に伸びた枝の上で切るようにします。

＼完成／

枝が細く密になるので、刈り込みでもあまり手がかからない

5 ひこばえを切る

地際から出るひこばえは、養分や水分をうばってしまうので、いつでも気がついたときに切り取ります。

トサミズキ
（ヒュウガミズキ）

早春に葉をつけるより早く開花します。秋の紅葉も美しく楽しめます。

基本データ

科　属	マンサク科トサミズキ属
タイプ	落葉広葉樹
樹　形	株立ち
樹　高	2～3m

剪定カレンダー

剪定のポイント

◆せまい庭ではひこばえを切り取り、主幹を2～3本に保つ。
◆枯れ枝、混み合った枝、内向き枝などの不要枝を切る。
◆徒長枝は、つけ根から4～6個の芽を残して切り取る。

※小型で花つきがよいヒュウガミズキも同じように剪定できる。

夏剪定
5～6月（中旬）

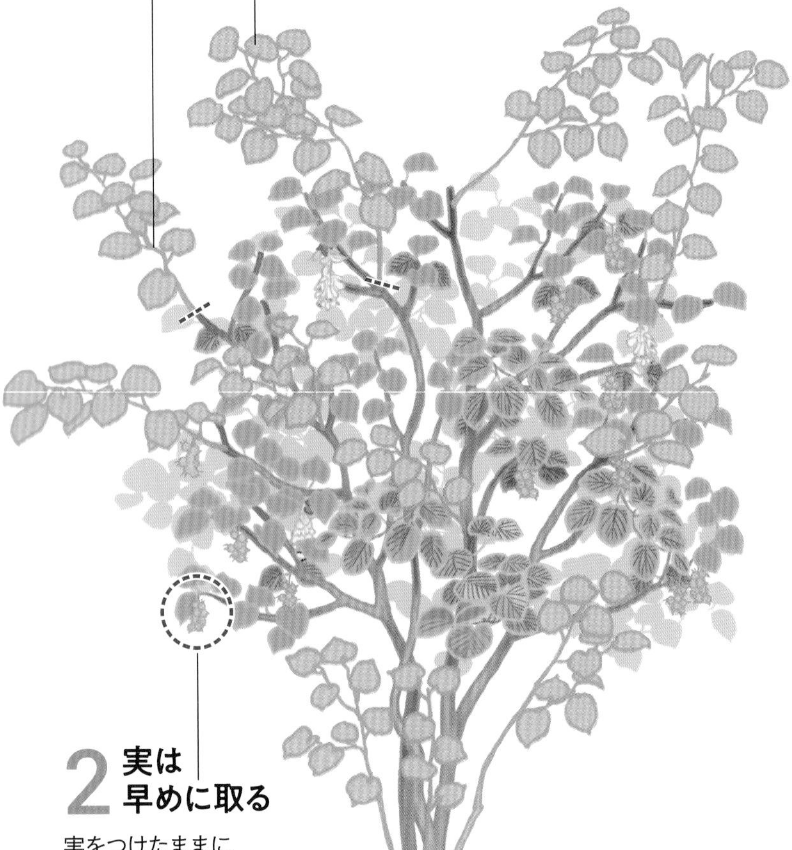

1 徒長枝を切る

徒長枝や樹冠からはみ出している枝を、つけ根または下の４～６芽を残して切り取ります。４～６芽を残すと、残した芽が伸びて短枝となり花芽がつきます。

2 実は早めに取る

実をつけたままにしておくと翌年の花つきが悪くなります。実は早めに取ります。

3 不要枝を切り取る

ひこばえや、混み合った枝、内向きの枝などの不要枝（➡P25）をつけ根から切り取り、日当たりや風通しをよくします。枝は刈り込まず、間引くようにつけ根から切り取ります。

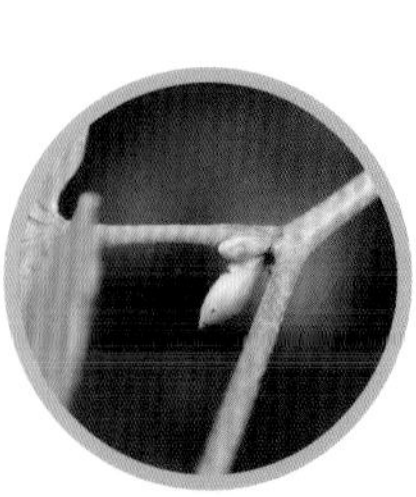

花芽のつき方

新しく伸びた枝の葉のつけ根に7月ごろでき、翌春咲きます。徒長枝には花芽がほとんどできません。長いのが花芽、小さいのが葉芽です。

トサミズキ（ヒュウガミズキ）

冬
剪定
11〜2月

1 大きくしたくないなら芯を止める

樹高を高くしたくない場合は、主幹を好みの高さで切りますが、その場合も枝がついている上で切るようにします。

2 徒長枝を切り戻す

徒長枝につくのはほとんどが葉芽です。つけ根の4〜6芽を残して、芽の上で切り取ります。

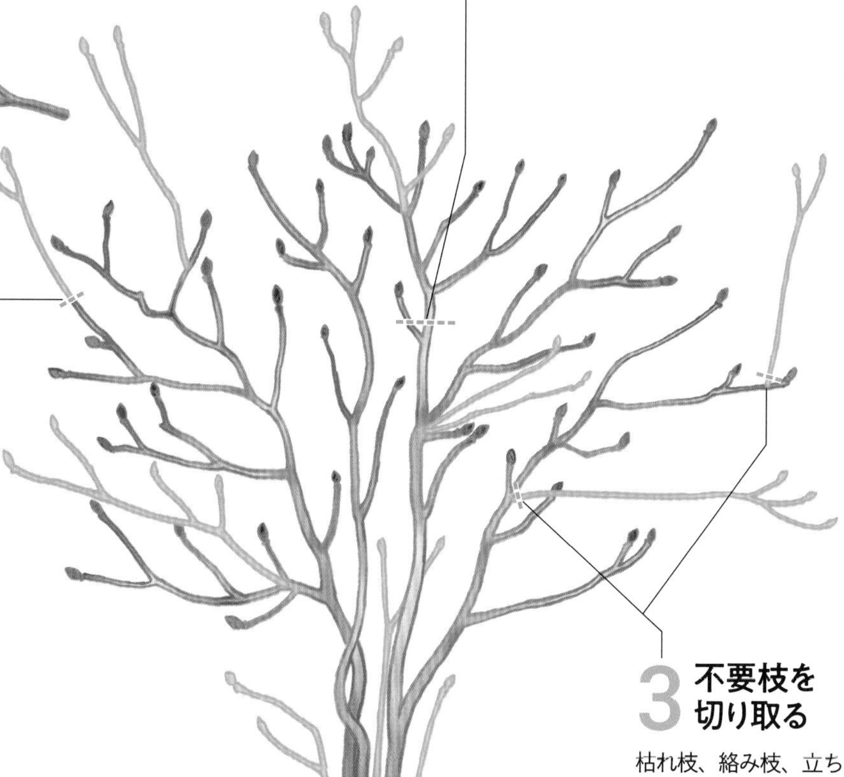

3 不要枝を切り取る

枯れ枝、絡み枝、立ち枝、混み合った枝などの不要枝を切り取って、樹冠内に光が入るようにします。

4 主幹を整理する

根元から伸び出してくる新しい幹を放っておくと混み合ってくるので、発生したら切り取り、小さい庭では主幹を2〜3本に保つようにします。木が数年経て古くなったら、それまでの主幹をつけ根で切り除き、新しく発生した幹を伸ばして全体を更新します。

\ 完成 /

枯れ枝や無駄な枝がなく、すっきりしている

花は葉が出る前に咲くので、枝ぶりも観賞の対象になる

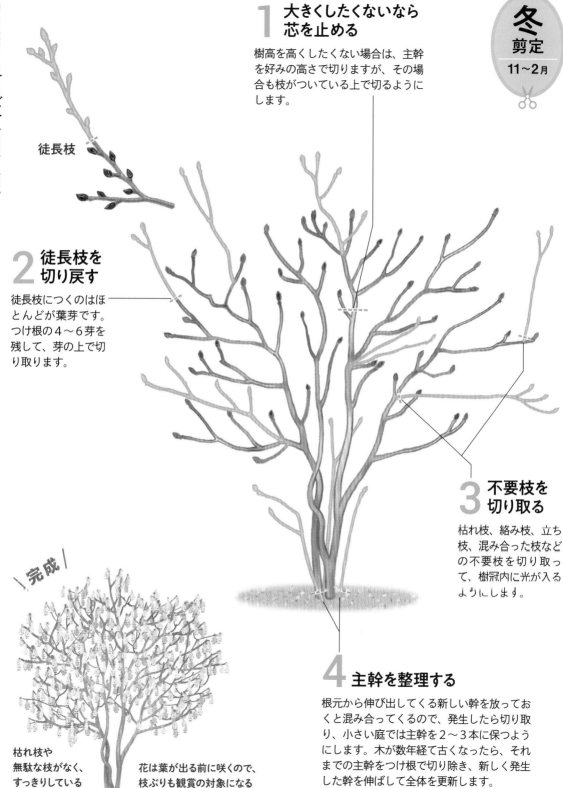

ナツツバキ（ヒメシャラ）

ナツツバキとヒメシャラは花が似ていますが、ナツツバキのほうが大きな花です。

夏 剪定 6月

1 不要枝を切る

徒長枝、混み合った枝を切るときは、枝先だけ切るのではなく、つけ根から切ります。

2 幹を整理する

株立ちにする場合はひこばえを取り除き、幹が増えすぎないようにします。主幹が古くなったら地際から切り、新しく伸びた幹に更新します。

3 古い枝を切り取る

枯れ枝、古い枝はつけ根から切り取り、新しい枝を伸ばすようにします。

花芽のつき方 今年伸びた枝の葉腋に花芽がつくられます。翌年そこから伸びた短枝の先に花が咲きます。

基本データ

科属	ツバキ科ナツツバキ属
タイプ	落葉広葉樹
樹形	幹立ち
樹高	10～20m

剪定カレンダー

(月)	剪定	開花・花芽
1	剪定	
2	剪定	
3	剪定	
4		
5		開花
6	剪定	開花・花芽
7		花芽
8		花芽
9		
10		
11	剪定	
12	剪定	

剪定のポイント

◆自然に樹形が整うタイプなので、切りすぎないようにする。
◆枝を切るときは、枝分かれしている部分のつけ根から切る。
◆細かい枝をちょこちょこ切っていると7～8年で枯れることがある。

※ヒメシャラのほうが剪定に強いので、枝を元から切らなくても問題はあまりない。

ナツツバキ（ヒメシャラ）

1 花芽を確認する

短枝には花芽がついていることがあります。花芽はできるだけ切らないよう、確認しながら剪定しましょう。

冬 剪定
11〜3月（中旬）

2 不要枝を切る

細かい枝をちょこちょこと切っていると、7〜8年で木全体が枯れることがあります。不要枝（➡P25）はつけ根から切りましょう。枝の途中で切ると枝が枯れ込むことがあります。

3 横に飛び出した枝を切る

ナツツバキは枝が横に出る性質があるので、放っておくと横に広がります。広がりすぎないようにするには、張り出した枝を木の内部に近い枝の分かれ目で切ります。

4 根元付近の小枝を切る

見た目の美しさを保つためにも根元付近から出ている小枝はすべて切り落とします。

主幹から出ているような太い枝を切った場合は、保護剤を塗っておく。

完成

繊細な枝を活かし、
涼しげな枝ぶりに見せる

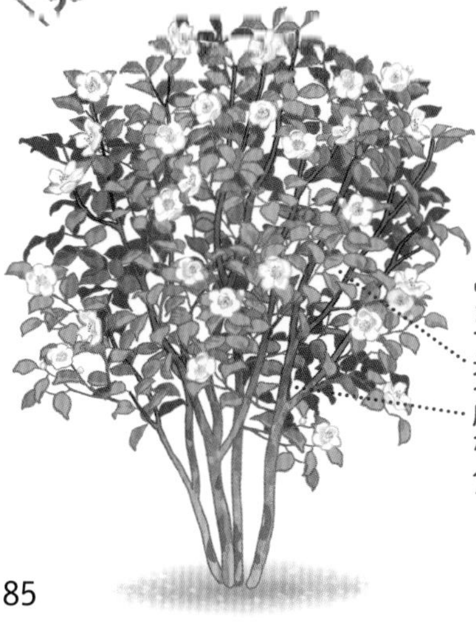

無駄な枝がなくなり、
中まで光や風が入る

5 芯止めは幹が太る前に行う

生長が早く、かなり樹高が高くなります。樹高を抑えたいときは、幹が太る前に高さを決めて切り取り、芯を止めましょう。高くなりすぎた幹は地際から切り、新しく伸びた幹に切り替えて樹高を抑えます。

ノウゼンカズラ

芯となる太いつるから気根を出してものに絡まり、夏に明るい色の花を咲かせます。

基本データ

科　属	ノウゼンカズラ科ノウゼンカズラ属
タイプ	落葉広葉樹
樹　形	つる性
樹　高	つるの長さ5～6m

剪定カレンダー

月	
1	
2	
3	剪定
4	剪定
5	
6	
7	開花
8	開花
9	剪定
10	剪定
11	
12	

（月）

剪定のポイント

◆夏剪定は混み合った枝を間引いて透かすように仕上げる。
◆春剪定は思いきって切りつめるほうがバランスよく枝が伸びる。
◆ひこばえが出てきたら、そのつど切る。

※つるを上や真横に伸ばすと花芽がつかないため、つるの先が垂れるように仕立てる。

夏剪定 9～10月（中旬）

1 枝を透かす

つぼみは新梢にできるので、どこで切っても大丈夫です。混み合って絡んでいる枝や樹冠から飛び出した枝をつけ根から切り取りましょう。風通しがよくなるよう、枝を透かすように整理しておきます。

2 花がらを摘む

終わった花がそのままになっていると、見た目も悪く、病気なども発生しやすいので、咲き終わったものは花がらを取っておきます。

つぼみのつき方
今年伸びた枝の先端にできたつぼみが、その年に咲きます。横や真上に伸びたつるにはつぼみがつかず、枝垂れた枝につきます。

春
剪定
3～4月（上旬）

1 前年の枝を切りつめる

葉が出る前に前の年に伸びた枝を強く切りつめます。切るときはつけ根に近い芽の上で切ります。切りすぎかなと思っても新しいつるがどんどん伸びて、こんもりと茂るようになります。

2 枝を増やすなら2～3芽残して切る

新しい枝をたくさん出したいときは、つけ根から2～3芽を残して切ります。

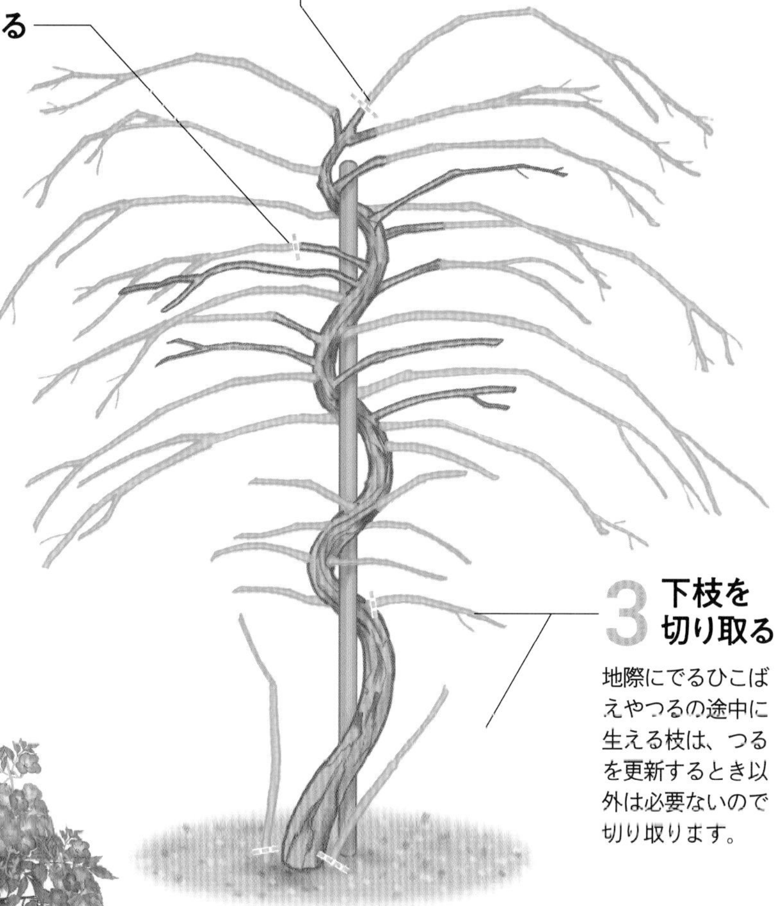

3 下枝を切り取る

地際にでるひこばえやつるの途中に生える枝は、つるを更新するとき以外は必要ないので切り取ります。

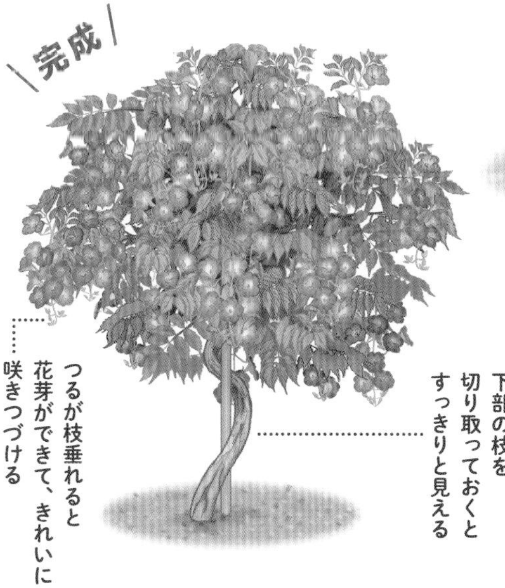
完成
つるが枝垂れると花芽ができて、きれいに咲きつづける
下部の枝を切り取っておくとすっきりと見える

4 スタンダード仕立てにする

枝が垂れていないと花がつきにくいので、太めのポールなどを立てて絡ませたスタンダード仕立てがおすすめです。上部のつるを残し、下部や中部の枝は切り落としておきます。

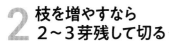

ハギ

秋の七草のひとつで、小さな花をぎっしりつけます。枝は伸びてくると枝垂れます。

基本データ

科　属	マメ科ハギ属
タイプ	落葉広葉樹
樹　形	株立ち
樹　高	1.5～3m

剪定カレンダー

剪定のポイント

◆冬に枯れる種類は、毎年、落葉したら根元まで切る。
◆夏剪定は遅れると花が咲かなくなるので、5月中に終わらせる。
◆株が混み合ってきたら、落葉期に掘り上げ株分けする。

※花芽分化期があるのは冬も地上部が枯れないもの。枯れるものは花芽分化期がない。

夏 剪定 5月

1 半分に切り戻す

枝全体を半分くらいの高さに切り戻します。切るときは葉のついている部分の上で切ります。さらに小さく仕立てたいときは、根元から５～６節を残して切ります。剪定の時期が遅れると、花芽ができず咲かないことがあるので注意しましょう。

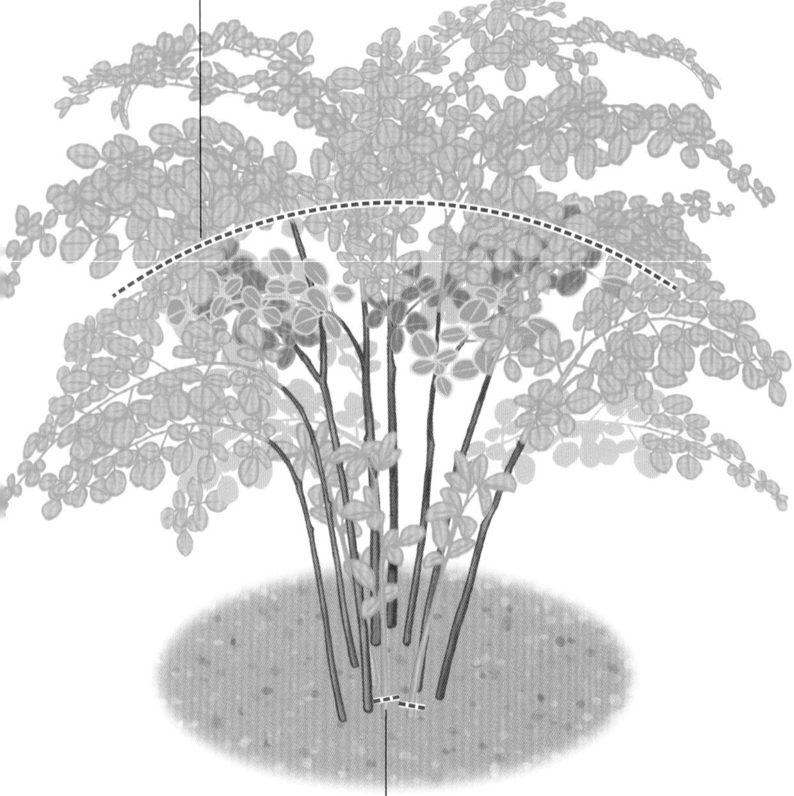

2 混み合う部分は枝を減らす

内部が混み合い、枝が絡み合っているような株は、細い枝を根元から切ります。太めの枝は途中から切っても大丈夫です。枝数を減らして内部まで風や光が届くようにします。

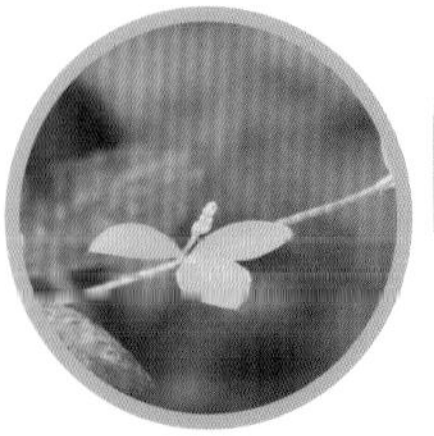

花芽のつき方

春から伸びた枝の中央辺りから枝先にかけて、葉の脇に花芽がつくられます。花はその年に咲きます。

冬 剪定
12～3月（中旬）

1 根元近くで刈り込む

冬に地上部が枯れる種類は、冬の休眠期に地際から10cm程度のところですべて切っておきます。翌春新しい枝が出ます。

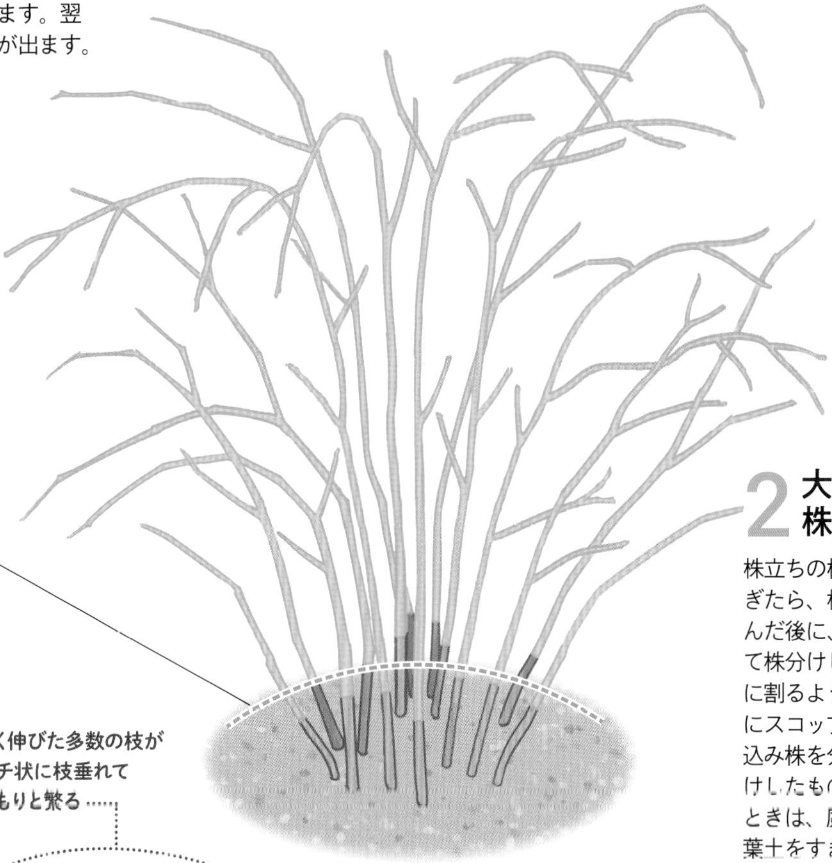

2 大きな株は株分けする

株立ちの枝が多くなりすぎたら、根元まで刈り込んだ後に、根を掘り上げて株分けします。株を縦に割るように、根の部分にスコップで立てて差し込み株を分けます。株分けしたものを植えつけるときは、庭土に堆肥や腐葉土をすき込み、植えつけ後に水をたっぷり与えます。

新しく伸びた多数の枝がアーチ状に枝垂れてこんもりと繁る
＼完成／
花が枝の中ほどから枝先へと順々に咲いて長く楽しめる

3 地上部が枯れない種類は枝を整理する

キハギなど冬でも地上部が枯れない種類は、古い枝や枯れ枝、混み合った枝を根元から切り取って透かします。残した枝はそれぞれ半分くらいを目安に、好みの高さで切り戻します。切るときは葉のついている上の部分で切ります。

ハナミズキ
（ヤマボウシ）

白やピンクの花びらのようなものは苞《ほう》です。紅葉や赤い実も観賞価値があります。

基本データ

科　属	ミズキ科ミズキ属
タイプ	落葉広葉樹
樹　形	幹立ち
樹　高	4〜10m

剪定カレンダー

月	開花・花芽	剪定
1		剪定
2		剪定
3		剪定
4	開花	
5	開花	剪定
6		剪定
7	花芽	
8	花芽	
9		
10		
11		剪定
12		剪定

（月）

剪定のポイント

◆夏は不要枝やひこばえを切る程度でよい。
◆小さい庭では高くなりすぎないように、主幹の芯を止める。
◆成木になると枝先が垂れるので、枝を切りつめる。

※同じミズキ属のヤマボウシも同じ剪定でよい。最近は常緑のホンコンエンシスが人気。

夏 剪定 5〜6月（中旬）

1 不要枝を整理する

枝が混みすぎて気になる場合は、絡み枝や立ち枝などの不要枝（➡P25）を切り除きます。樹勢が弱く、放っておいても自然にまとまるので、夏の剪定はしなくても問題ありません。

2 枯れ枝を切る

枯れ枝はつけ根から切り落とします。

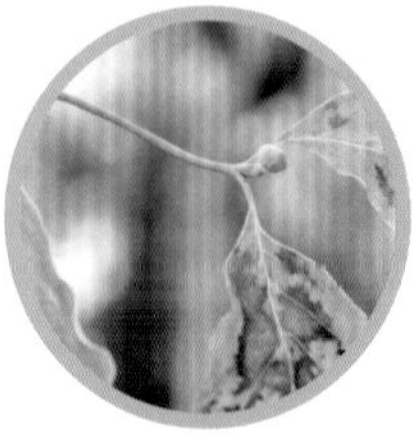

花芽のつき方

今年伸びた短枝の先に花芽がつきます。長く伸びた徒長枝には花芽はつきません。

ハナミズキ（ヤマボウシ）

冬 剪定 11〜3月

1 芯を止める

一般的な庭では高さ３m程度で主幹を切り取り、芯を止めます。太い枝の出ている上で切るようにします。芯を止めるのは、幹が太くなりすぎない若木のころに行います。

2 徒長枝を切る

長く伸びた枝の先には花芽がつきません。枝の分岐点で切りつめておきます。

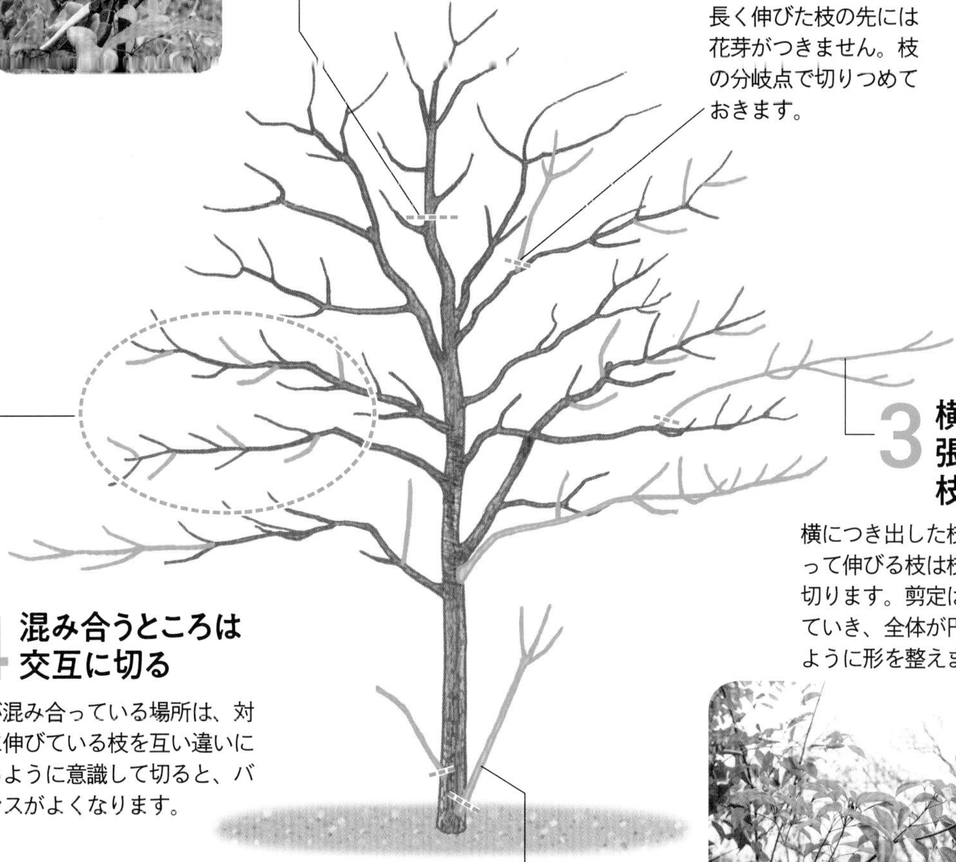

3 横に張り出した枝を切る

横につき出した枝や上に向かって伸びる枝は枝の分岐点で切ります。剪定は上から切っていき、全体が円錐形になるように形を整えます。

4 混み合うところは交互に切る

枝が混み合っている場所は、対生に伸びている枝を互い違いになるように意識して切ると、バランスがよくなります。

5 不要枝を取りのぞく

ひこばえや絡み枝、立ち枝、枯れ枝などの不要枝を切り取ります。不要枝を切るときは、つけ根から切るようにします。

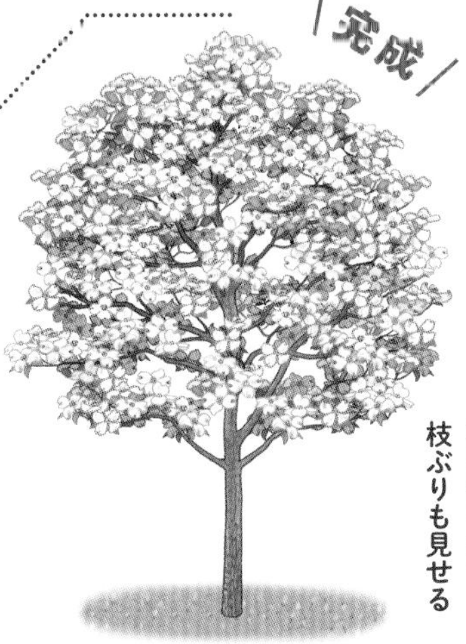

樹高を詰めておくと、上向きに咲く花もよく見える

葉が出る前に花が咲くので、枝ぶりも見せる

バラ

バラはさまざまな区分で分類されますが、剪定では樹形のタイプを確認しましょう。

基本データ

科　属	バラ科バラ属
タイプ	常緑広葉樹
樹　形	株立ち性、つる性
樹　高	1〜10m

剪定カレンダー

バラの種類

バラの樹形は、ブッシュローズ（木立性）、シュラブローズ（半つる性）、つるバラ（つる性）の3つに分けられます。夏の剪定はおおむね共通していますが、冬の剪定は樹形によって方法やポイントが変わります。ここでは、多くのバラに共通する夏剪定と、樹形ごとの冬剪定、原種系のバラの冬剪定の方法を紹介します。

夏剪定のポイント

- 秋の開花期調整のための剪定なので、四季咲き性の品種だけ行う。
- 高く伸びた枝を、高めの位置で切る。
- この時期に出ている新芽は手で摘み取る。
- 葉が少ない株は弱っているため夏剪定は行わない。
- 葉の多い丈夫な株を剪定する。

冬剪定のポイント

ブッシュローズ

ブッシュローズは支柱などの支えがなくても自立して株立ち状に育つタイプです。基本的に花は四季咲き性です。

- 株を2分の1〜3分の2の高さに切りつめる。
- 古くなった枝は花が咲かないので、地際から切り取る。
- 前年に花を咲かせた枝や赤く色づいている枝は残す。

シュラブローズ

枝がしなやかでゆったりと伸び広がる半自立性のタイプです。剪定の仕方によって、自立させたり、つるバラのようにしたりできます。

- 四季咲き性と返り咲き性の品種は剪定で大きさを変えられる。
- 一季咲き性の品種は枝を低く切りすぎないように、不要枝を切る。
- 前年に花を咲かせた枝や赤く色づいている枝は残す。

つるバラ

シュート（新しく勢いのある枝）がほとんど出ない品種は誘引したまま、シュートが出やすい品種は剪定の際につるの誘引をやり直します。

- 枯れた枝や古い枝を切り取り、葉が茂ったときに蒸れないようにする。
- 花をつけた枝は、2〜3節を残して枝先を切り取る。
- シュートは横に倒して誘引する。

原種とオールドローズ

バラの原種は世界で150種前後あるとされています。オールドローズは1867年以前に交配された品種の総称です。

- 一季咲きのオールドローズの場合は、3年に1回程度剪定する。
- 下に倒れた枝を切り取り、枝の先端は切らないでそのままにする。
- 四季咲き性のオールドローズはブッシュローズのように剪定する。

花芽のつき方

春から伸びた枝の先端に7〜8月につくられます。翌春、そこから新梢が伸びて花が咲きます。四季咲きや返り咲き性は、開花枝を切ると、切り口の下の葉の脇から新しい枝が伸びて先端に花が咲きます。

夏
剪定
8～9月（中旬）

1 高く飛び出した枝を切る

高く伸びすぎた枝がある場合は、枝の先端４分１～３分の１程度の位置で、芽の上で切り戻します。

2 ２番花や３番花が咲いた枝を切る

２番花や３番花が咲いた枝は、全体の樹高に合わせて切り戻します。あまり低い位置で切らないようにしましょう。実をつけてしまった枝は株が弱るのを防ぐため、実を摘み取ります。

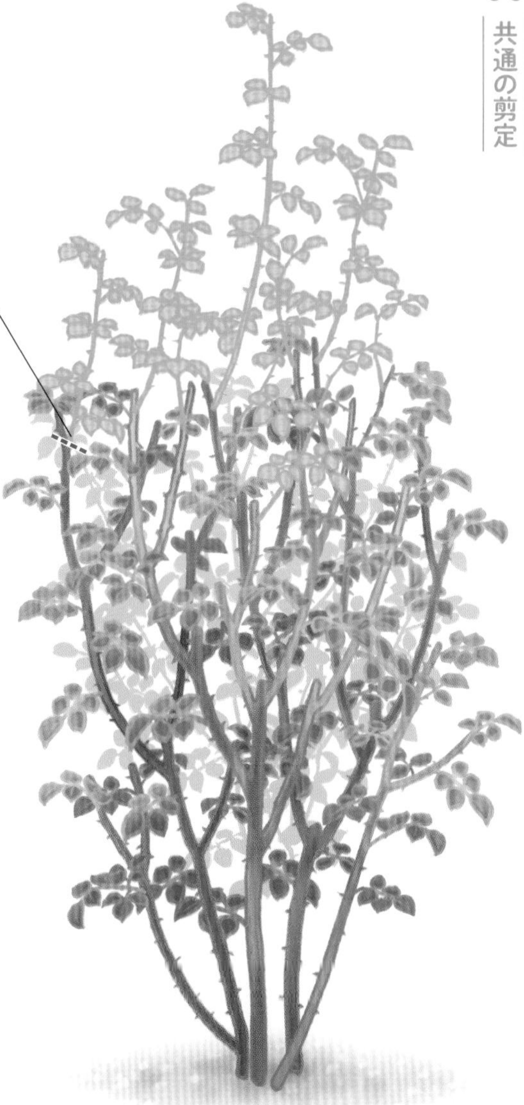

3 新芽は摘み取る

秋の花は秋につくられた花芽で咲かせますので、この時期に出ている新芽は摘み取っておきます。通常は枝の先に芽がつくので手で摘み取りますが、枝の途中で芽がふくらんでいるときは、その芽の下で枝を切ります。

＼完成／

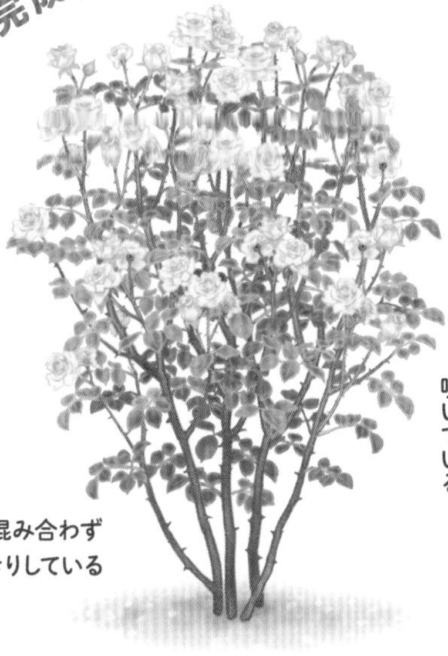
古い枝がなく、花がまんべんなく咲いている
枝が混み合わず
すっきりしている

4 株全体に光を入れるように切る

正面から見る株は、前を低く後ろを高く切ります。四方から見る株は外側を低く、中心部分を高く切ります。株全体に光や風が入り、見た目もよくなります。

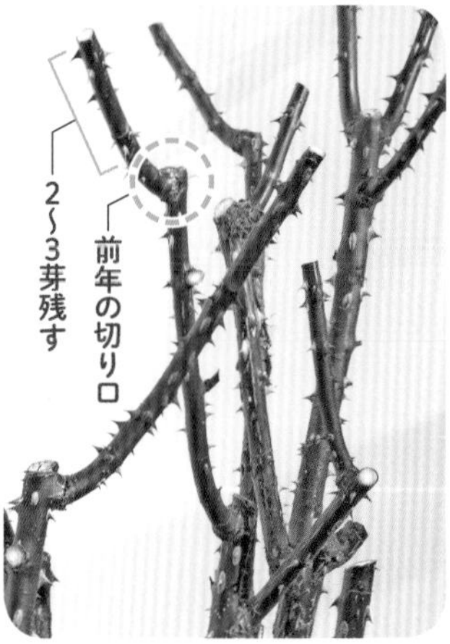

1 春に花をつけた枝は2～3芽残して切る

基本的には、前年の切り口を確認し、そこから伸びた枝を2～3芽だけ残るように切り戻します。芽の上5㎜程度の位置で切ります。

2 健康な枝は残す

前の年に花をつけた枝や、樹皮が赤く色づいている枝は健康な枝です。元気な枝は、全体の半分から3分の2程度の高さで切ります。

3 全体の枝数を減らす

古くなった枝、枯れ枝などの不要枝（➡P25）はつけ根から切り取ります。細い枝や内向きの枝も切り取ります。全体の枝の数を減らして、株の中まで風が通るようにします。

4 枝ごとに切る位置を見極める

太い枝、早く出た枝、かたい枝は高めの位置で切り、細い枝ややわらかい枝は低めの位置で切ります。シュートは勢いがある枝なので、低い位置で切っておきます。

5 葉を摘み取る

葉のつけ根などに虫がひそんで越冬していることがあるので、枝を整理した後、残した枝の葉はすべて摘み取ります。

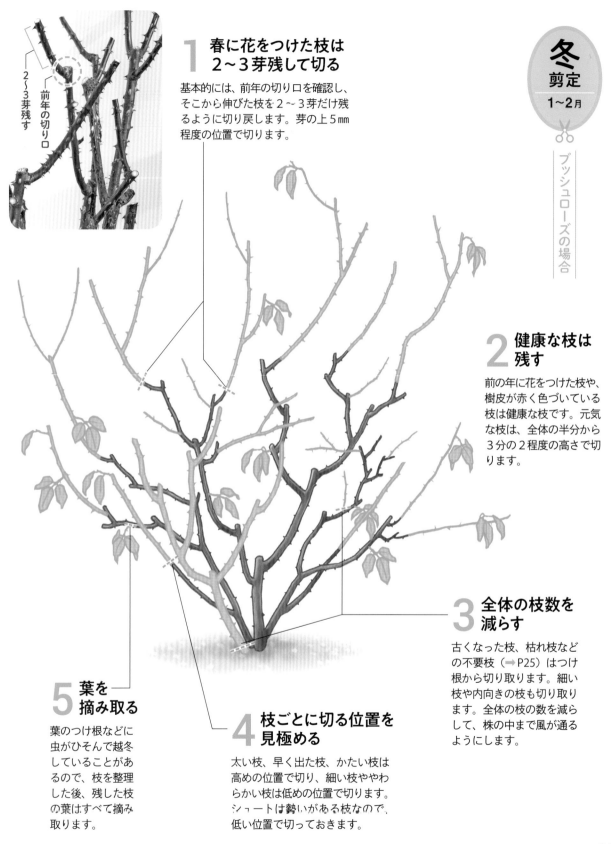

冬
剪定
1～2月

シュラブローズの場合

1 半分から3分の1程度の高さに切る

四季咲き性と返り咲き性の品種は、強く剪定しても新しい枝が伸びやすいので、全体の高さの半分から3分の1程度で枝を切りそろえます。壁やアーチなどに誘引したいときは、枝先を切る程度にとどめます。

2 古い枝や不要枝を切る

古い枝は地際から切り取り、枯れた枝や細い枝はつけ根から切り取って全体を透かします。

3 葉を摘み取る

葉のつけ根などに虫がひそんで越冬していることがあるので、枝を整理した後、残した枝の葉はすべて摘み取ります。

一季咲き性品種の剪定

一季咲き性の品種は深く切ると花が咲きにくくなるので、枝先を10～30㎝程度切るだけにします。枝が伸びすぎたらアーチや壁に誘引して形を整えます。また、一季咲き性で樹高が高くなる品種は樹勢が強く、高く伸びるシュートが出やすいので、太いシュートは地際や枝のつけ根から切り取ります。

1 古い枝や細い枝を切る

古い枝や枯れた枝、勢いの弱い細い枝はつけ根から切り取り、葉が茂ったときに蒸れないようにしてやります。

2 花枝を切る

花をつけた枝は2～3節を残して枝先を切り取り、樹形を整えます。長いままにしておくと咲いたときに樹形が乱れて見えます。

3 枝の先を処理する

枝先は必ず上に向くように誘引します。枝先は必ずしも切らなくてよいのですが、寒さに弱い品種や未熟な枝先が枯れ込むことがありますので、その場合は枝先を軽く切っておきます。

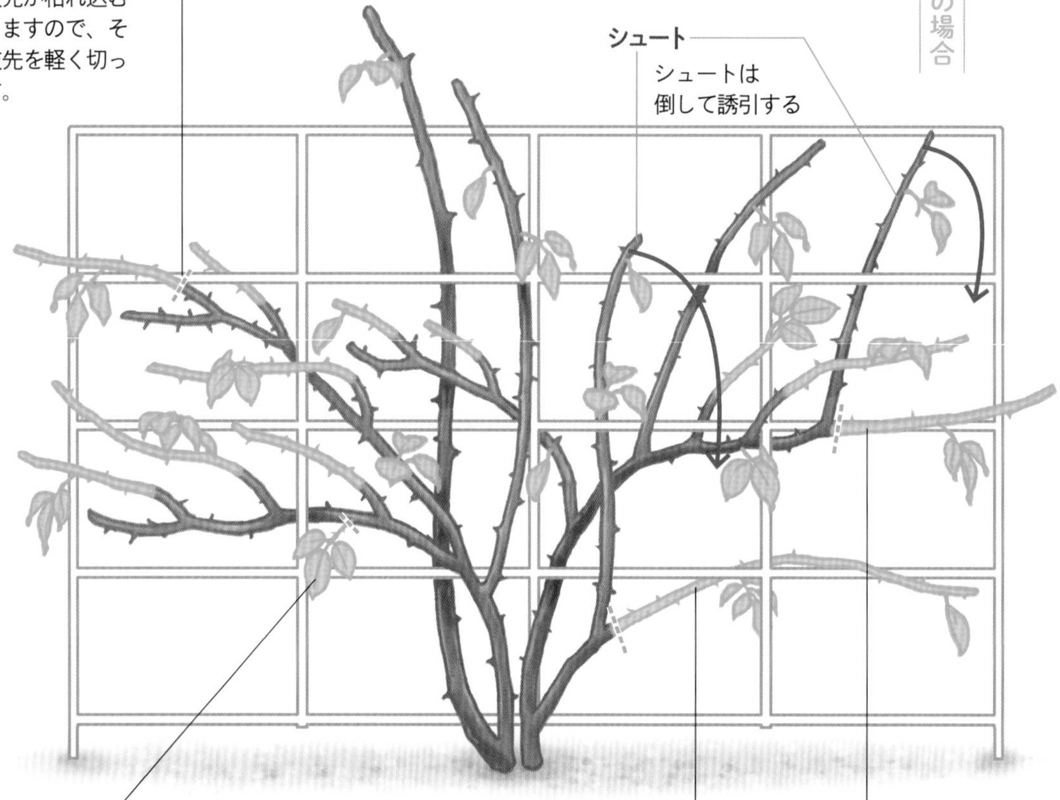

4 シュートを更新する

シュートがよく出ている場合は、勢いのなくなった古い枝をつけ根や根元から切り取って新しいシュートに更新します。更新したシュートは倒して誘引します。その際は、古いシュートと重ならないように誘引しましょう。誘引したら、枝が多い部分は適度に間引いて透かします。

5 葉を摘み取る

葉のつけ根などに虫がひそんで越冬していることがあるので、枝を整理した後、残した枝の葉はすべて摘み取ります。

冬
剪定
1〜2月

原種とオールドローズの場合

1 枝先は切らない

剪定しない枝の先は切らずに、そのまま残しておきます。

2 赤く元気な枝を残す

ローズヒップ（バラの実）を収穫する種類では、前の年に伸びた元気な枝は赤い色をしているので、赤い枝だけを残して、古い枝はなるべく切り取ってやると日当たりや風通しがよくなります。

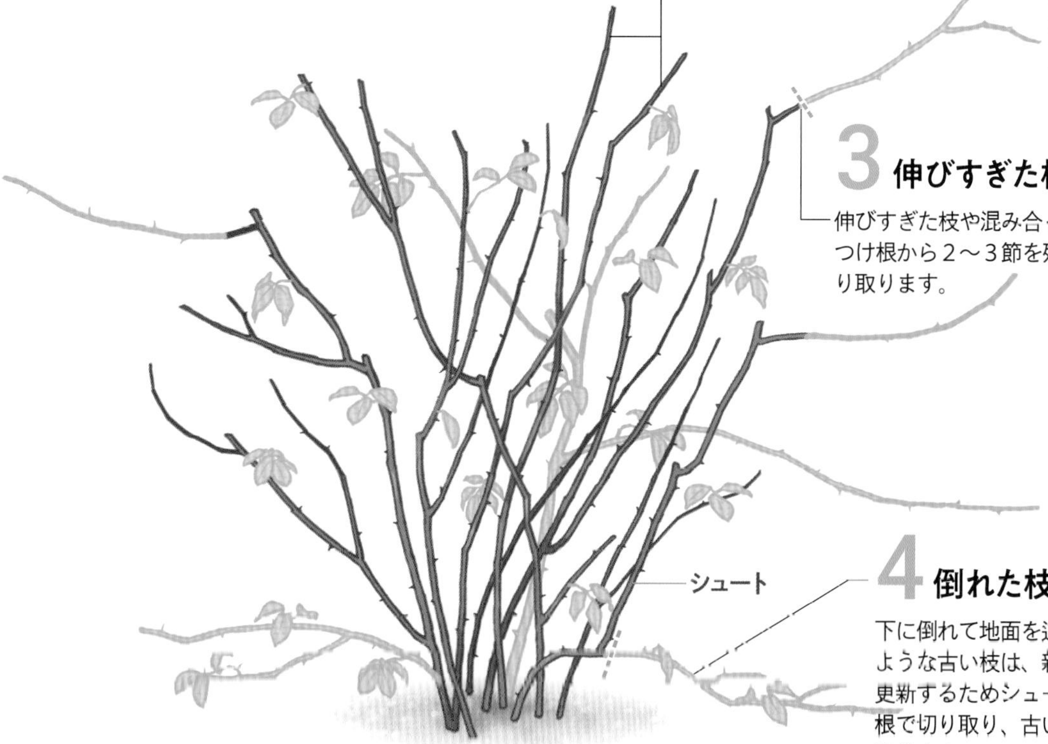

3 伸びすぎた枝を切る

伸びすぎた枝や混み合った枝はつけ根から２〜３節を残して切り取ります。

4 倒れた枝を切る

下に倒れて地面を這っているような古い枝は、新しい枝に更新するためシュートのつけ根で切り取り、古い枝を取り除きます。

ブッシュローズと同じように剪定する品種

ブルボンローズの品種やロサ・キネンシスのような原種はブッシュ・ローズ（➡P94）と同じように半分から３分の２程度の高さまで切り戻し、全体を透かしてやります。

フジ

つるが右巻きは花序が長く垂れるノダフジで、左巻きは花序が短いヤマフジです。

夏 剪定 5〜6月（中旬）

1 立ち上がる枝を切る

上に向かって立ち上がるように伸びる枝は樹冠を乱すので、つけ根から切り落とします。樹冠の内部にある内向きの枝や立ち枝も切り、内部に光が入るようにすると花芽が多くできます。

2 長いつるを切る

長いつるは、つけ根から５〜６芽を残して切ります。さらに深いところから切ると、より強いつるが発生して花芽ができないことがあります。

3 つるを結ぶ

フジのつるは先端が伸びるとほかのものに絡みつこうとします。近くの植物などに絡まないようにするために、先端を結んでおきましょう。生長期のつるを切ると、さらに強いつるが出てくるので注意が必要です。

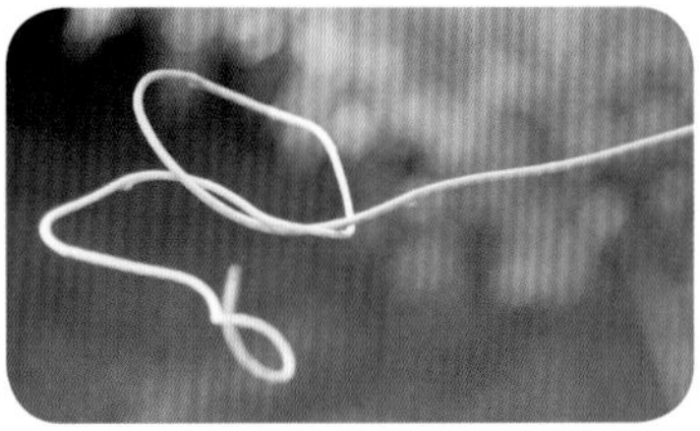

花芽のつき方

今年伸びた短枝の葉の脇にできて、翌年の春に咲きます。長いつるには花芽はつきません。写真は夏の花芽。

基本データ

科　属　マメ科フジ属
タイプ　落葉広葉樹
樹　形　つる性
樹　高　つるの長さ 3〜5m

剪定カレンダー

(月)		
1	剪定	
2		
3		
4		開
5	剪	花
6	定	
7		花芽
8		
9		
10		
11	剪	
12	定	

剪定のポイント

◆夏の剪定では、樹冠内に光が入るようにすると花つきがよくなる。
◆７～８月に切ると秋に狂い咲きが起こるので、11月まで待つ。
◆冬の剪定は花芽を残すことを心がける。

※ノダフジ、ヤマフジには園芸品種が多いが、剪定方法は同じでよい。

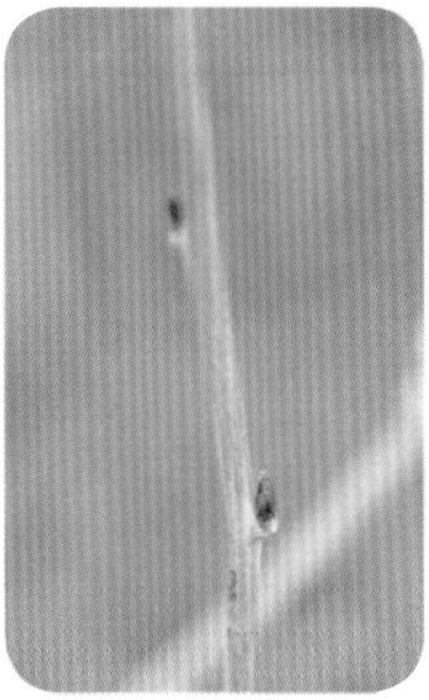

葉芽

花芽

冬
剪定
11～3月
(中旬)

1 花芽を残して切る

枝を切る際には、枝のつけ根にある花芽を3～4芽を残して切り取ります。短枝には花芽がついていることが多いので切らないようにします。葉芽は先がとがっているのが特徴で、花芽は葉芽に比べると大きく、丸くふくらんでいます。

2 混み合った枝を間引く

混み合った枝や、内向きの枝はつけ根から切り取り、枝が重ならないようにします。上に伸びる立ち枝もつけ根で切ります。

3 下枝はつけ根から切る

幹の途中から出た枝やひこばえは、樹形を乱すのでつけ根から切ります。

完成

花房が一カ所につきすぎず、全体について咲いている

つるが
絡まり合ったりせず、
すっきりとして
風や光が通る

ボケ

古くから庭木として利用されており、花色の違う多くの園芸品種があります。

基本データ

科　属	バラ科ボケ属
タイプ	落葉広葉樹
樹　形	株立ち
樹　高	1～3m

剪定カレンダー

月		
1		剪定
2		
3		
4	開花	
5		剪定
6		
7	花芽	
8		
9		
10		剪定
11		
12		

(月)

剪定のポイント

◆葉芽のないところで切ると新しい枝ができずに枯れやすくなる。
◆徒長枝や長く伸びた枝は、5～6芽を残してその上で切る。
◆大きくなりすぎたら好みの高さで切り、枝を更新する。

※ひこばえは取り除いて、株立ちの主幹は6～7本に保つようにするとよい。

夏 剪定
5～6月(中旬)

1 花がらを取り除く

夏の剪定は花後すぐに行います。花がらが残っていれば取り除いておきましょう。

2 樹形を整える

ひこばえや徒長枝、樹冠から飛び出している枝を切り、樹形を整えます。

3 不要枝を切る

立ち枝や交差している枝などを切り、樹冠の内部まで光が入るようにします。

花芽のつき方

2年以上経った枝の短枝にできて、翌春咲きます。
新しい枝の先につくこともありますが、徒長枝にはつきません。

冬
剪定
10～2月
(中旬)

1 不要枝を切る

ふところ枝や細い枝、枯れ枝や交差している枝などの不要枝（➡P25）はつけ根から切り取ります。

2 樹形を整える

ボケは放っておくと枝が長く伸びて樹形が乱れるので、毎年樹冠から飛び出している枝を剪定して樹形を整えます。

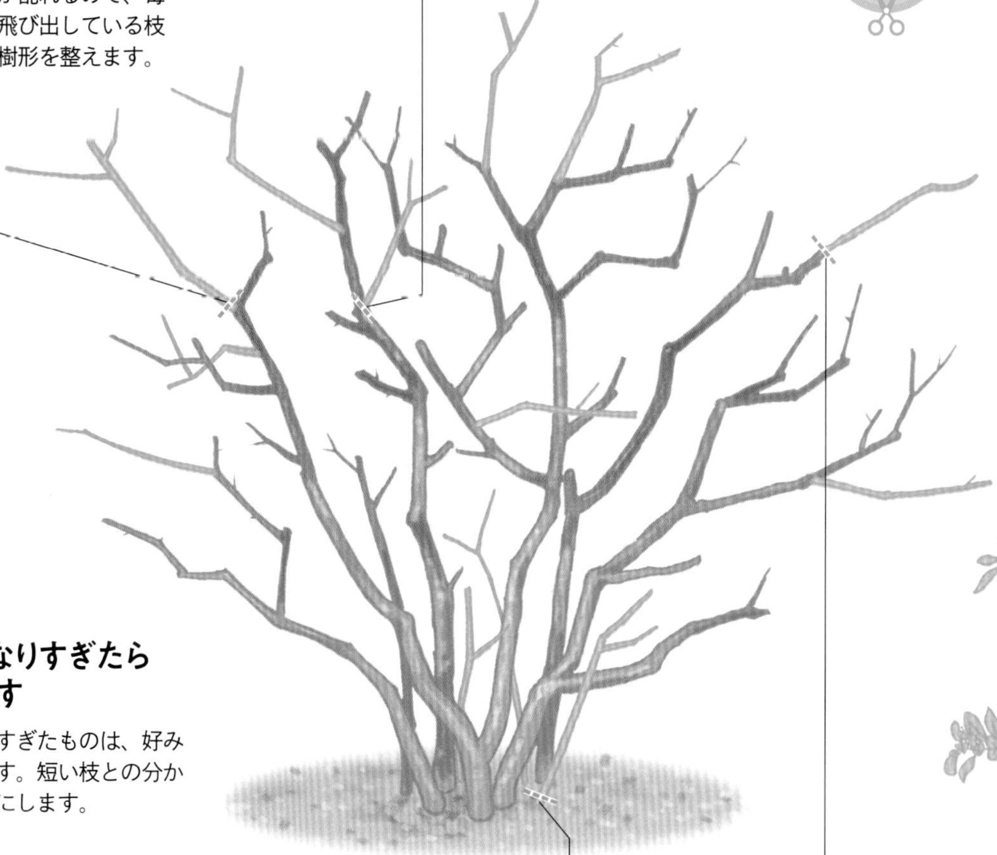

5 大きくなりすぎたら切り戻す

木が大きくなりすぎたものは、好みの高さで切ります。短い枝との分かれ目で切るようにします。

3 花芽のついた枝を切る

花芽がついている長い枝は、枝元の5～6芽を残して切ると、翌年の小枝が増えます。切るときは外芽で切りましょう。

4 株立ちの枝数を制限する

地際からよく芽吹いて新しい枝が出ますが、混みすぎないように6～7本を残して根元から切り取ります。

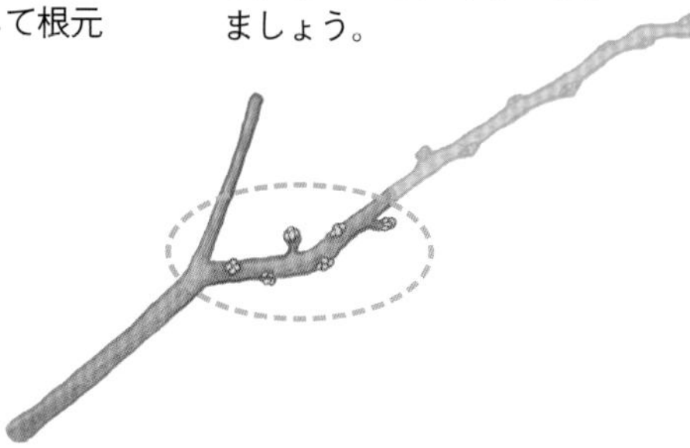

＼完成／

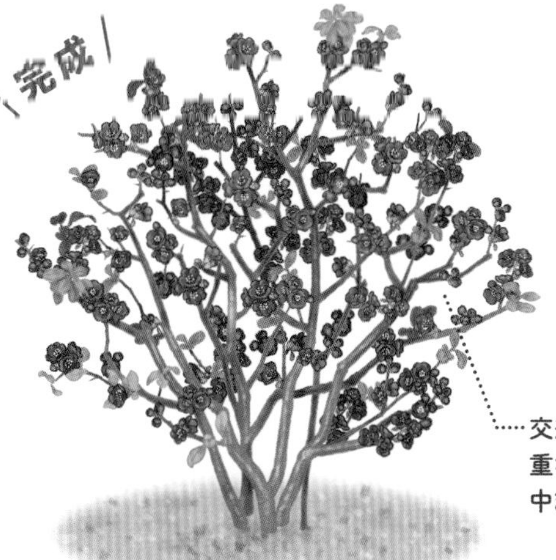

交差した枝や重なり合った枝がなく、中まで光が入る

ボタン

風格のある大輪の花が魅力的な花木です。
冬に咲く寒ボタンもあります。

基本データ

科　属	ボタン科ボタン属
タイプ	落葉広葉樹
樹　形	株立ち
樹　高	1~2m

剪定カレンダー

(月)	剪定	開花
1	剪定	開花（寒ボタン）
2	剪定	開花（寒ボタン）
3	剪定	
4		開花
5	剪定	開花
6	剪定	
7	（芽かき・花がら摘み）	花芽
8	（芽かき・花がら摘み）	花芽
9		
10		
11	剪定	開花（寒ボタン）
12	剪定	開花（寒ボタン）

剪定のポイント

- 芽の上の古い枝を切り、樹形を整える。
- 木を低くするときは、花後に下部の芽を残して、上部の芽をかき取る。
- 落葉後、残した芽の上で枝を切り、木を低くする。

※シャクヤクの接ぎ木苗は植えつけ後2~3年で自根が出ないと7~8年で枯れやすい。

冬 剪定

11~3月（上旬）

1 不要枝を切る

細い枝や内向きの枝、地際から生えた台木の芽などを根元から切り取ります。枯葉が残っていれば摘み取っておきます。

2 芽摘みした枝を切る

樹高を低く保つため夏に芽摘みをしておいた枝は、残した芽の3㎝ほど上で枝を切ります。寒ボタンの場合は、この作業は必要ありません。

花芽のつき方

開花枝や新しく伸びた枝の葉の脇に芽ができます。翌春に芽が伸びてその先端に花が咲きます。

夏
剪定
5～6月
(中旬)

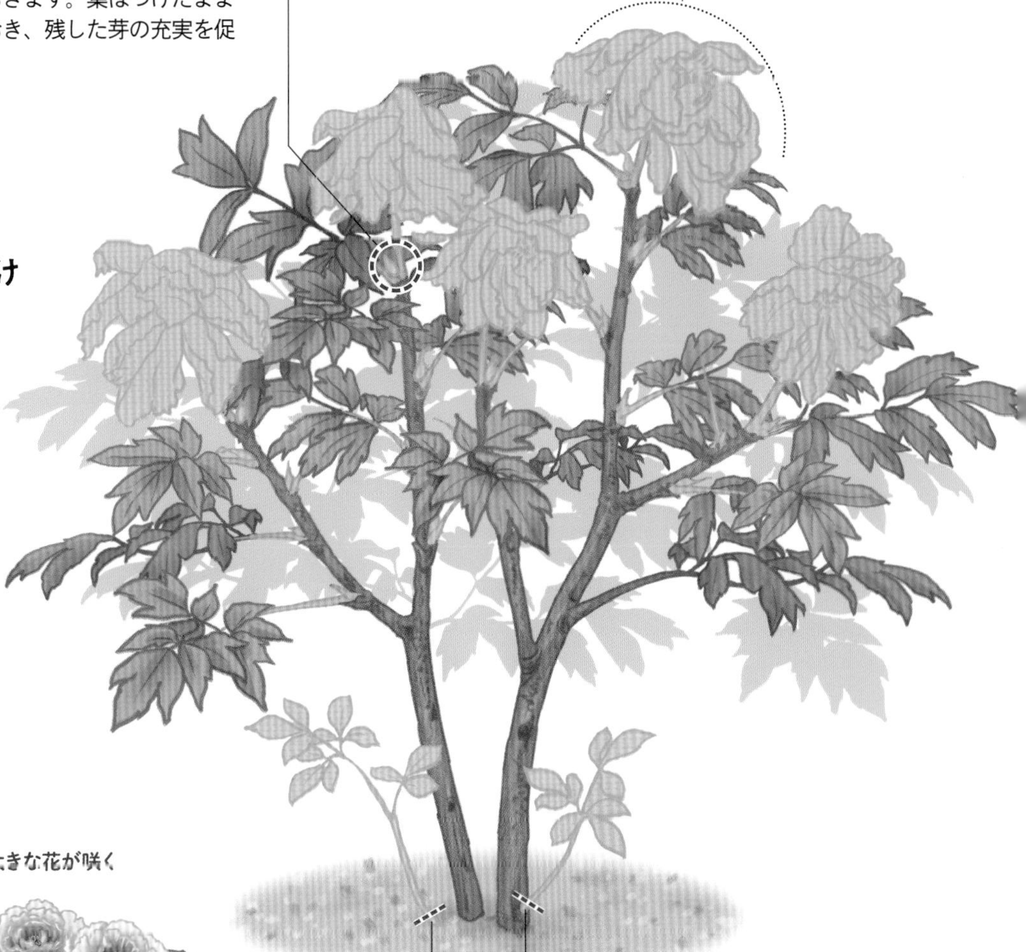

1 花がら摘み

実をつけると花芽ができにくくなるので、花が咲き終わったら花首のつけ根を折り取るように花がらを摘みます。

2 芽摘みを行う

ボタンは年々花の位置が高くなりがちです。樹高を保ちたい場合は、枝元の2～3芽を残して、上のほうの芽はピンセットなどで摘まみ取っておきます。葉はつけたままにしておき、残した芽の充実を促します。

3 高い枝だけ切り戻す

花後に、丈が高くなりすぎた枝だけ、好みの高さで切っておくと、残された節から芽が出て新しい枝になります。

4 シャクヤクの芽を取り除く

ボタンはシャクヤクに接ぎ木されることが多く、台木や株の周辺からシャクヤクの芽が出てくることがあります。シャクヤクの芽を見つけたら、つけ根から切り取って取り除きます。

完成
枝先に大きな花が咲く
枝が混みすぎず、光や風が中まで届く

マンサク

黄色い花のマンサクのほかに、シナマンサクや交配種もあります。

基本データ

科　属　マンサク科マンサク属
タイプ　落葉広葉樹
樹　形　株立ち
樹　高　3～5m

剪定カレンダー

月	
1	剪定
2	
3	開花
4	
5	剪定
6	剪定
7	花芽
8	
9	
10	
11	
12	剪定

(月)

剪定のポイント

◆樹勢が強く高く成長するので、毎年の剪定で高さを保つ。
◆開花後に伸びた長い枝は、株元の数芽を残して切る。
◆大きく育ちすぎた木は、花後に主幹を切り戻す強剪定を行う。
※枝が横に広がりやすいので、スペースが限られた庭の場合は、横枝の剪定を意識する。

夏剪定
5～6月（中旬）

1 不要枝を切る

重なり枝や内向きの枝、上に飛び出した不要枝（➡P25）を切り取ります。

2 コンパクトに仕立て直す

高くなりすぎた木をコンパクトに仕立て直すときは、花後に主幹を好みの高さで切り戻します。その際は小枝のある部分の上で切って樹形を整えます。

3 ひこばえを切る

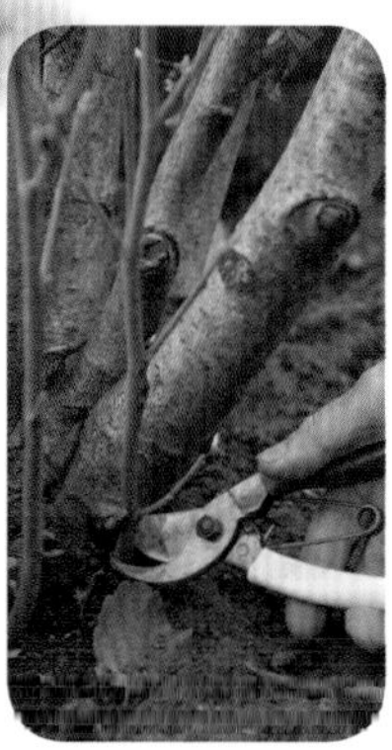

ひこばえは残しておくと養分や水分を取られるので、いつでも気づいたときに切り取ります。

花芽のつき方

今年伸びた枝の短枝に7月ごろにでき、翌春咲きます。徒長枝には、ほとんど花芽はできません。

冬
剪定
12～1月

1 徒長枝を切り高さを保つ

樹勢が強く、上に向かってたくさんの徒長枝が伸びます。つけ根から切り取り高さを保つようにします。

2 今年の枝は数芽を残して切る

今年伸びた長い枝は、枝元の数芽を残して切ります。残した芽が伸びて短枝となり、花数が増えます。

3 横に張り出した枝を切る

樹冠からはみ出して横に伸びた枝は、樹冠に収まる長さで、枝の分かれ目で切ります。

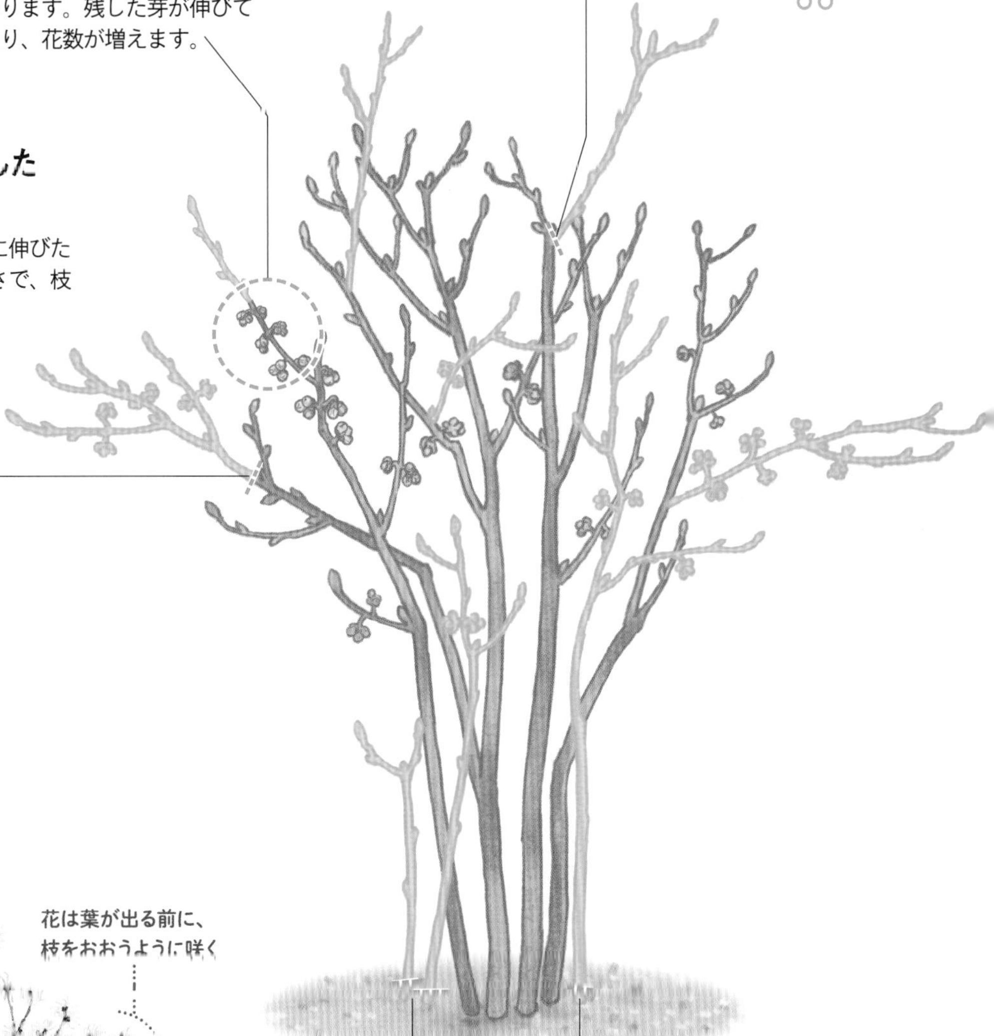

完成

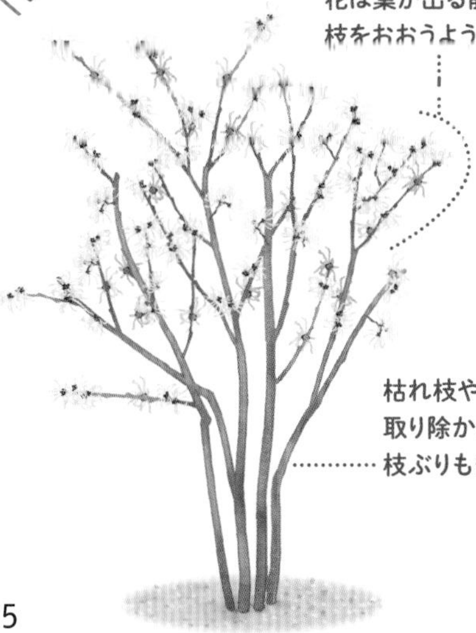
花は葉が出る前に、
枝をおおうように咲く
枯れ枝や不要枝が
取り除かれて、
枝ぶりもきれいに見える

4 不要枝を切る

交差枝、立ち枝、内向きの枝、重なった枝、ひこばえなどの不要枝を切り、樹冠の内部まで光が入るようにします。

ミツバツツジ

落葉性のツツジで、日陰の時間が多い場所では花が咲きにくくなります。

基本データ

科　属	ツツジ科ツツジ属
タイプ	落葉広葉樹
樹　形	株立ち
樹　高	1～4m

剪定カレンダー

(月)		
1	剪定	
2		
3		
4		開花
5	剪定	
6		開花
7		花芽
8		
9		
10		
11	剪定	
12		

剪定のポイント

◆落葉性のツツジ類は萌芽力が弱いので必要最低限の間引き剪定に。
◆夏は花がらを取り、新芽が伸びはじめるのを妨げないようにする。
◆冬は花芽をできるだけ切らないように注意する。

※アカヤシオ、シロヤシオ、クロフネツツジなど落葉性のツツジは同様に剪定できる。

夏 剪定 5～6月（中旬）

ミツバツツジの実。熟すと褐色になり、中にタネができる

1 花がらを摘む

実ができると、次の年のための花芽をつくる栄養がうばわれてしまうので、花がらは、花後なるべく早く花茎の下で折り取るようにします。

2 混み合った枝を切る

混み合った枝、内向きの枝や立ち枝などを間引く程度に切り取り、風通しをよくしてやります。

3 高くなりすぎた木を仕立て直す

上に向かって高く伸びた枝は、つけ根から切り取り樹高を抑えます。

花芽のつき方

今年伸びた枝先に7～8月に花芽ができます。丸くふくらんでいるのが花芽（左）、細くて先がとがっているのが葉芽（右）。

冬
剪定
11～2月

1 花芽を切り落とさない

この時期は花芽がついているので、できるだけ花芽を切り落とさないように間引き剪定を基本とします。

2 不要枝を切る

横に張り出した徒長枝や古くなった枝、混み合った枝を切り取り、樹形を整えます。枝はつけ根か分かれ目で切り取ります。

3 ひこばえを取り除く

ひこばえは根元から切って取り除きます。ただし、主幹が古くなると花つきが悪くなるので、古くなった幹がある場合は新しく芽ばえた枝を育て、古い幹は地際で切り取ります。

＼完成／

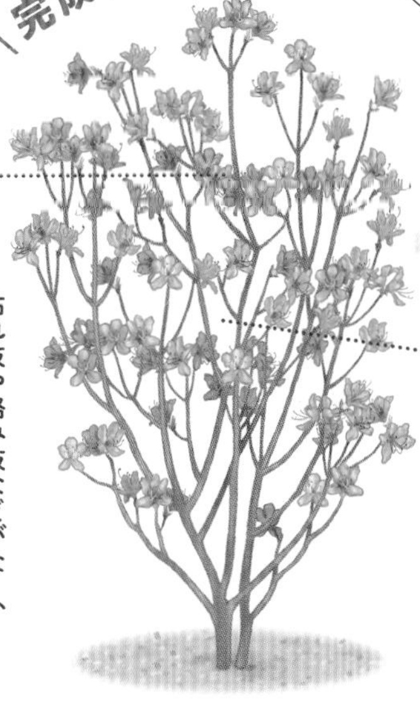

枯れ枝や絡み枝などがなく、中の花まできれいに見える

幹の間がほどよく透けて、光や風がよく通る

ムクゲ

ムクゲの花は朝咲いて夕方には散る1日花ですが、次々と咲いて長く楽しめます。

基本データ

- 科　属　アオイ科フヨウ属
- タイプ　落葉広葉樹
- 樹　形　株立ち
- 樹　高　2～4m

剪定のポイント

- ◆混み合った枝を整理し、樹冠の内部まで光が入るようにする。
- ◆今年伸びた枝は、前年の枝の近くまで深く剪定する。
- ◆夏に強く伸びる枝があれば、つけ根から切り取る。

※樹勢が強いため、短く剪定しても問題ない。

剪定カレンダー

(月)	開花	剪定
1		剪定
2		剪定
3		剪定
4		
5		
6		
7	開花	
8	開花	
9	開花	剪定
10		
11		
12		剪定

夏 剪定 9月

1 徒長枝はつけ根から切る

強く伸びた徒長枝は、つけ根から切り取ります。

2 混み合っている枝を切る

枝が混み合っている場合は、間引くように剪定し、株全体に風や光が入るようにします。

3 古い枝を切って更新

花後に古い枝を切って新しい枝に更新します。高くなった株も、好みの高さで主幹を切り戻します。

つぼみのつき方

今年伸びた枝の葉の脇に7～9月ごろでき、その年に咲きます。半日陰のような場所ではつぼみができにくくなります。

1 芯を切り大きさを保つ

冬 剪定 12～3月

放っておくと年々大きくなるので、芯になる幹を決めて、好みの高さで切ります。樹勢が強く剪定にも耐えられるので、深く切ってもかまいません。

2 芯の高さにそろえる

芯を切ったら残りの枝も、芯の高さにそろえて切ります。今年伸びた枝は、前年の枝のつけ根近くまで切り戻すと、そこから新しい枝が伸びて花が咲きます。枝を切るときは、外芽（➡ P24）の上で切ります。

3 混み合った枝を切る

混み合った枝はつけ根から切り取り、内部まで光が入るようにします。同時に、交差した枝や平行枝、内向きの枝などもつけ根から切り取り、間引きます。

4 ひこばえを切る

ひこばえが多く出ますので、地際から切って取り除きます。

＼完成／

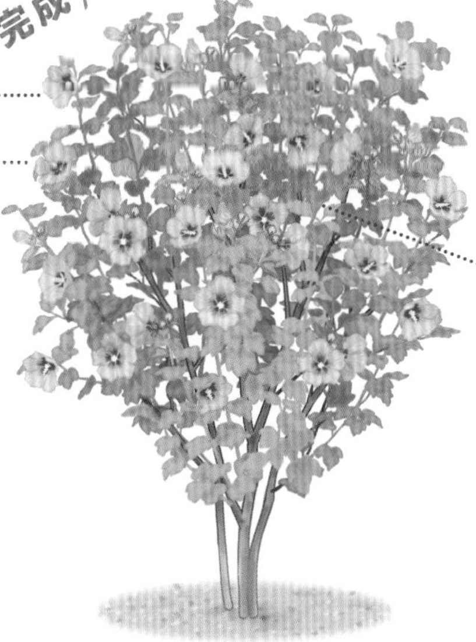
新しい枝が伸びて、次々と花が咲く
不要な枝が整理されて、樹冠の中まで光が届く

モクレン
(コブシ)

近年は品種が増え花色もカラフルになっており、和洋どちらの庭にもおすすめです。

基本データ

科　属　モクレン科モクレン属
タイプ　落葉広葉樹
樹　形　幹立ちまたは株立ち
樹　高　2〜15m

剪定カレンダー

(月)		
1	剪定	
2		
3		開花
4	剪定	開花
5	剪定	開花
6	剪定	花芽
7		花芽
8		
9		
10		
11	剪定	
12	剪定	

剪定のポイント

◆長く伸びた枝には花芽がつかないので、短く切り戻す。
◆株立ちの種類は主幹を1~3本残し、ひこばえやほかの幹は切る。
◆大きくなりすぎた木は、高さ2~3mで芯を止める。

※小さい庭にはシモクレンやシデコブシなど小型の種類がおすすめ。

春 剪定
4月
(上旬)

夏 剪定
5〜6月
(中旬)

1 主幹を1〜3本にしてひこばえは切る

モクレンは株立ちでひこばえが出やすい樹木です。主幹は1〜3本にして、ひこばえは地際から切り取ります。

花芽のつき方

花後に伸びた短枝の先にできて、翌春咲きます。長い枝には花芽はつきません。

冬 剪定 11～1月

1 不要枝を切る

冬剪定は春～夏に剪定しなかった場合に行います。混み合った枝や徒長枝を取り除きますが、花芽を確認しながら、花芽を残すように切ります。

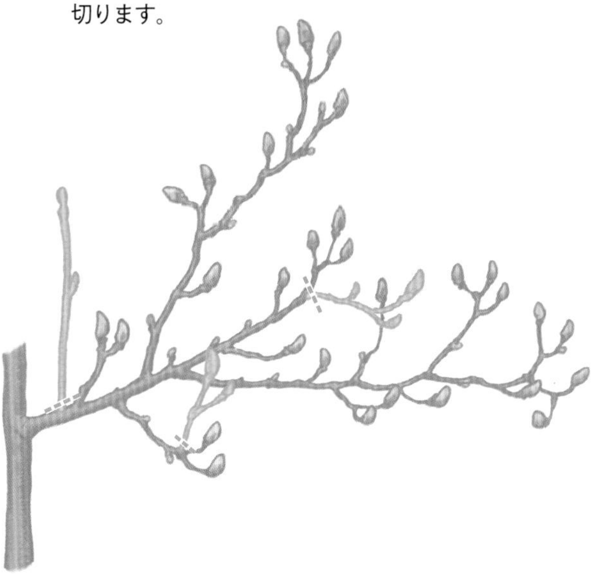

2 不要枝を切り取る

真上に伸びる枝や、樹冠から飛び出した枝などの不要枝（➡P25）を切り、中まで光が届くようにします。シデコブシの場合は幹立ちで胴吹きしにくいので、徒長枝を切って樹形を保つようにします。

3 長い枝を切り戻す

長い枝にはほとんど花芽がつかないので、枝元の5～6芽を残して切り戻し、短枝を出させます。

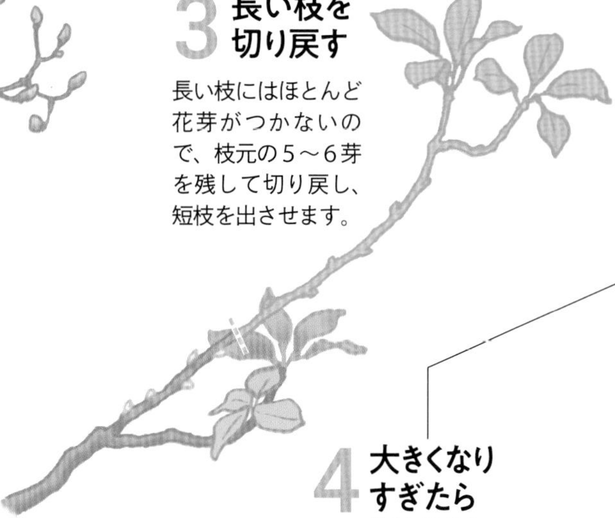

4 大きくなりすぎたら切り戻す

大きくなりすぎた木は、高さ2～3mほどの位置で主幹を切り取り、仕立て直します。

5 古い枝を切り取る

木をコンパクトに収めるためには、新しく出た枝と同じくらいの量の古い枝を切り、葉の数を制限します。切るときは枝のつけ根で切り取ります。

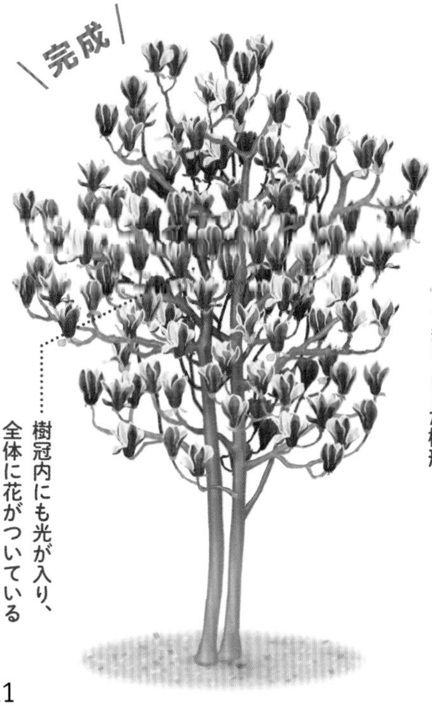
完成
混み合った枝がなく、すっきりとした樹形
樹冠内にも光が入り、全体に花がついている

モモ

果樹のモモではなく花を観賞するハナモモの剪定を紹介します。

基本データ

科　属　バラ科スモモ属
タイプ　落葉広葉樹
樹　形　幹立ち
樹　高　2～5m

剪定カレンダー

月		
1		剪定
2		
3	開花	剪定
4	開花	
5		剪定
6		剪定
7	花芽	
8		
9		
10		
11		剪定
12		剪定

(月)

剪定のポイント

◆小さい庭では、毎年花後に剪定して大きさを保つ。
◆木の内部に日が当たるように、不要枝を切り取る。
◆4～5年に1回、全体の枝を切って、新しい枝に更新するとよい。

※果樹としてのモモの剪定はハナモモとは異なる。

春 剪定 3～4月（下旬）（上旬）

夏 剪定 5～6月（中旬）

1 徒長枝を切る

強く伸びて樹冠の形を乱す徒長枝を枝のつけ根から切り取り、樹冠内部の混んだ枝や絡んだ枝をつけ根から切って透かします。

3 古い枝があれば切る

古くなって太った枝が出てきたら、幹の部分から切り離します。ただし古木では芽吹く力が弱くなっているので、深く切ると新しい枝が出ないこともあります。

2 ひこばえを切る

ひこばえや胴吹きが出ていたら、そのつど取りのぞきます。

花芽のつき方

今年伸びた枝の葉のつけ根にできて、翌春咲きます。肥料が多すぎて成長旺盛な木には花芽がつきにくくなります。

冬
剪定
11〜1月
(中旬)

1 樹高をつめる

ほうき性のハナモモは樹高が高くなるので、主幹を2〜3mのところで切り戻し、大きくなりすぎないように高さを保ちます。

2 樹形を整える

樹冠から飛び出した枝先を切り、樹形を整えます。混み合った枝や立ち枝、ふところ枝はつけ根から切り取り、木の内部まで光が届くようにします。切るときは葉芽の上か枝の分岐しているところで切ります。

3 古枝を切り取る

古い枝にはよい花が咲かなくなるので、4〜5年に一度、つぼみの時期に枝元にある花芽を残して切りつめ、新しい枝を出させます。

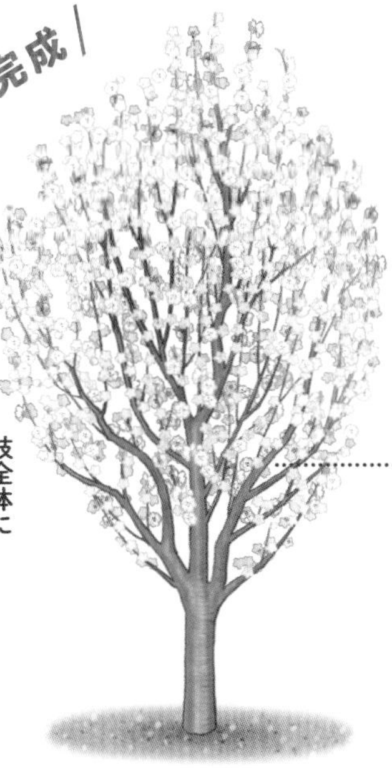
完成
不要枝が取りのぞかれて、樹冠内に光が入る……
枝全体にまんべんなく花が咲く

ユキヤナギ

白い小花が枝垂れた枝先にぎっしりとついた様子は、雪が積もったように見えます。

基本データ

科　属　バラ科シモツケ属
タイプ　落葉広葉樹
樹　形　株立ち
樹　高　1～2m

剪定カレンダー

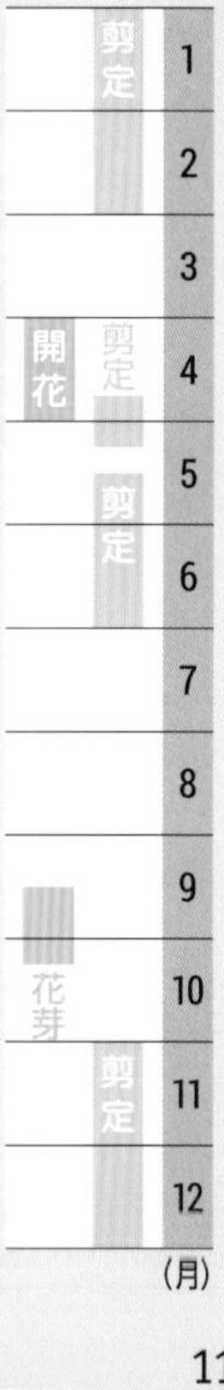

剪定のポイント

◆春に花が終わったら、すべての枝を地際から切る。
◆冬は株全体に花芽がついているので、あまり切らなくてよい。混み合った枝、内向きの枝、交差した枝などを切る程度にする。

※春に地際からすべて切る剪定を行わなかった場合は、夏に伸びた枝を切る。

春 剪定 4～5月 (下旬) (上旬)

1 株を更新する

株が古くなると花つきが悪くなるので、２～３年に一度、すべての枝を地際から切り取り、新しい枝に更新します。大株にしたくないときは、毎年地際から切ります。この剪定だと本来の樹形の美しさを楽しめます。

夏 剪定 5～6月 (中旬)

1 伸びた枝を切る

春の剪定をしなかった場合に行います。上部の樹冠から飛び出して伸びている枝のみを、つけ根から切り取ります。枝の途中で切ると四方八方に枝が伸びてしまい、美しい樹形を楽しめません。

花芽のつき方　今年伸びた枝の葉の脇に9月中旬～10月上旬にでき、翌春咲きます。株が古くなると花つきが悪くなります。

ユキヤナギは枝が多く出て混み合いがちになる。混み合っている部分は全体の枝数を減らすように間引くとよい

冬
剪定
11～2月

1 間引き剪定をする

混み合った枝、内向きの枝、交差している枝、絡み合っている枝などの不要枝（➡P25）を切り取り、株の内部に光が入るようにします。

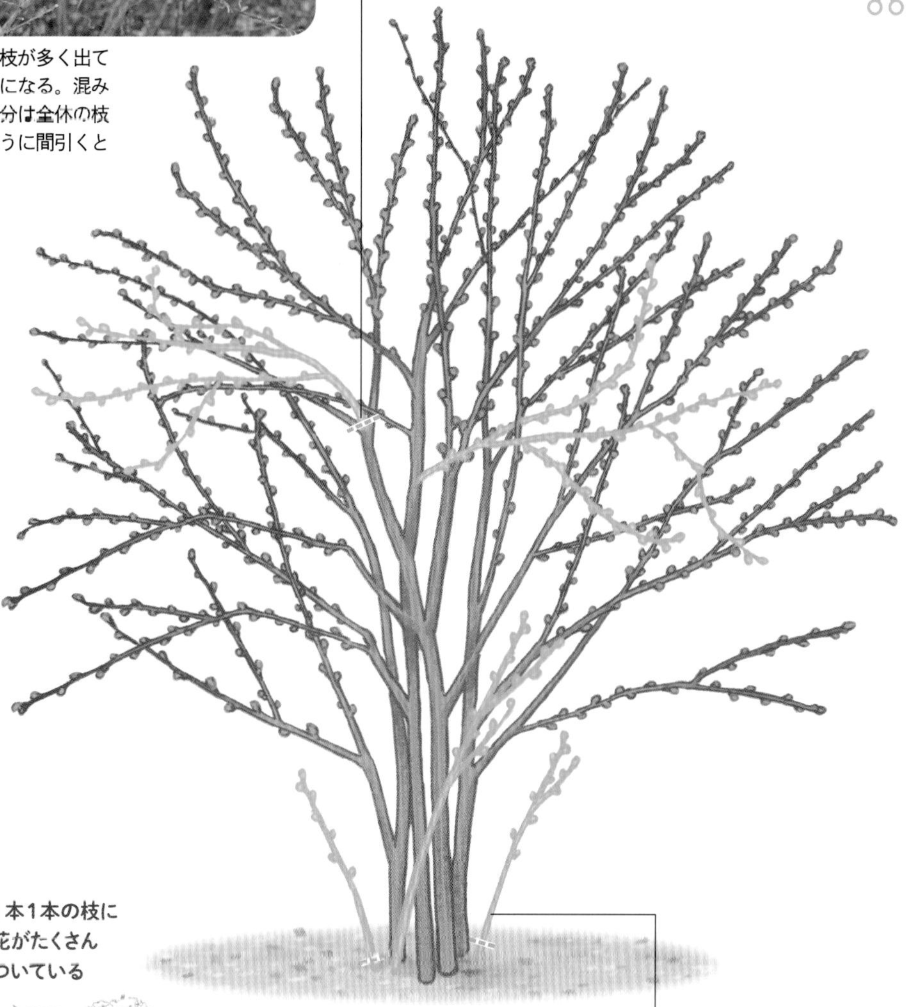

2 ひこばえを取りのぞく

大きさを保ちたい場合は、ひこばえを地際から切り取って枝の数を制限します。

完成
1本1本の枝に花がたくさんついている
枝が放物線を描くように曲がって枝垂れる自然な樹形

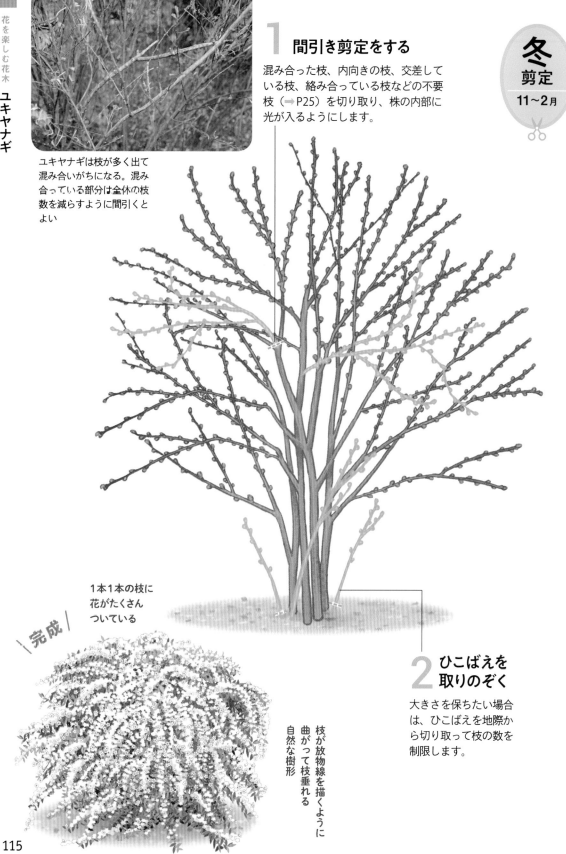

レンギョウ

半つる性の枝で、垂れ下がった枝に黄色い小花がぎっしりとつきます。

基本データ

- 科　属　モクセイ科レンギョウ属
- タイプ　落葉広葉樹
- 樹　形　株立ち
- 樹　高　2〜3m

剪定カレンダー

月	作業
1	剪定
2	剪定
3	
4	開花
5	剪定
6	剪定
7	花芽
8	花芽
9	
10	
11	剪定
12	剪定

(月)

剪定のポイント

- ◆花後でも4月下旬〜5月中旬の剪定は避ける。
- ◆枝が地面につくと発根してしまうので、長い枝は切る。
- ◆刈り込みする場合は、花後に刈り込んで、夏には徒長枝を切る。

※中国原産のレンギョウとシナレンギョウ、チョウセンレンギョウがあるが、剪定は同じ。

夏剪定
5〜6月(中旬)

1 樹形を整える

よく伸びるので、樹冠からはみ出している枝は外向きに伸びる枝の分岐点で切り取ります。

2 枝を間引く

生育が旺盛で枝が混み合うので、混み合った枝や絡み枝は枝のつけ根から切り取って間引きます。

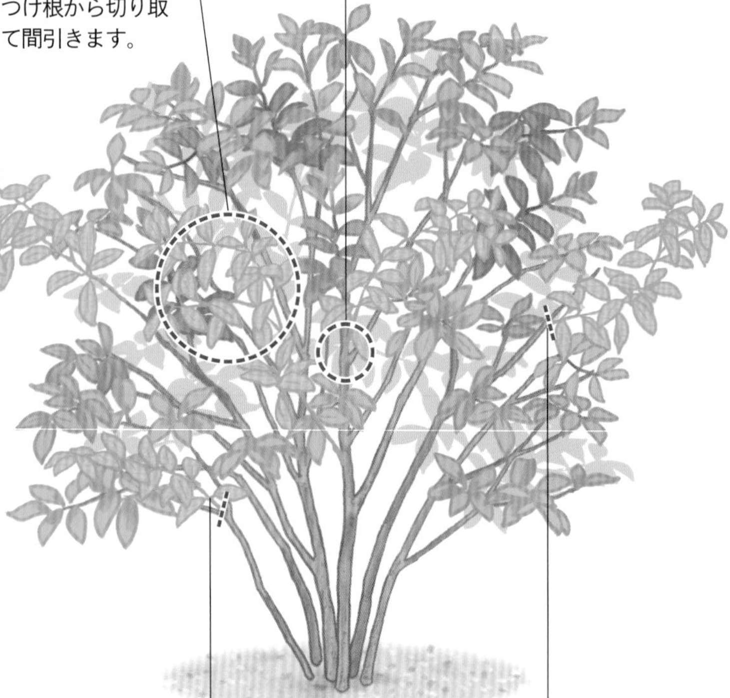

4 枯れ枝を取りのぞく

株の内部に枯れ枝ができやすいので、枯れた枝はつけ根で切り取ります。

3 長い枝を切る

枝が地面につくと節から根を出して増えていくので、株を大きくしたくない場合は、長い枝を切っておきます。

5 刈り込みもできる

よく茂って枝が増えるので好みの形に刈り込みもできます。刈り込みは花後に行い、夏に徒長枝が出たら切り取るようにします。

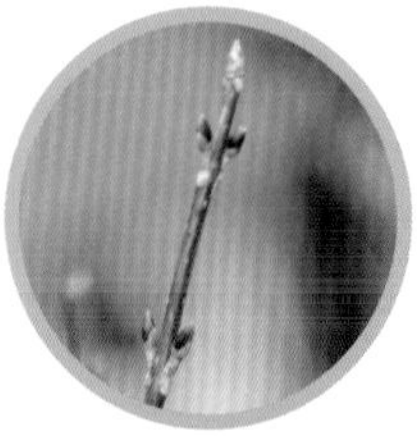

花芽のつき方

今年伸びた枝の葉の脇に花芽ができて、翌春に咲きます。花芽はおもに枝の中程から枝先につくので、極端に短く切ると花が咲きません。

冬
剪定
11～2月

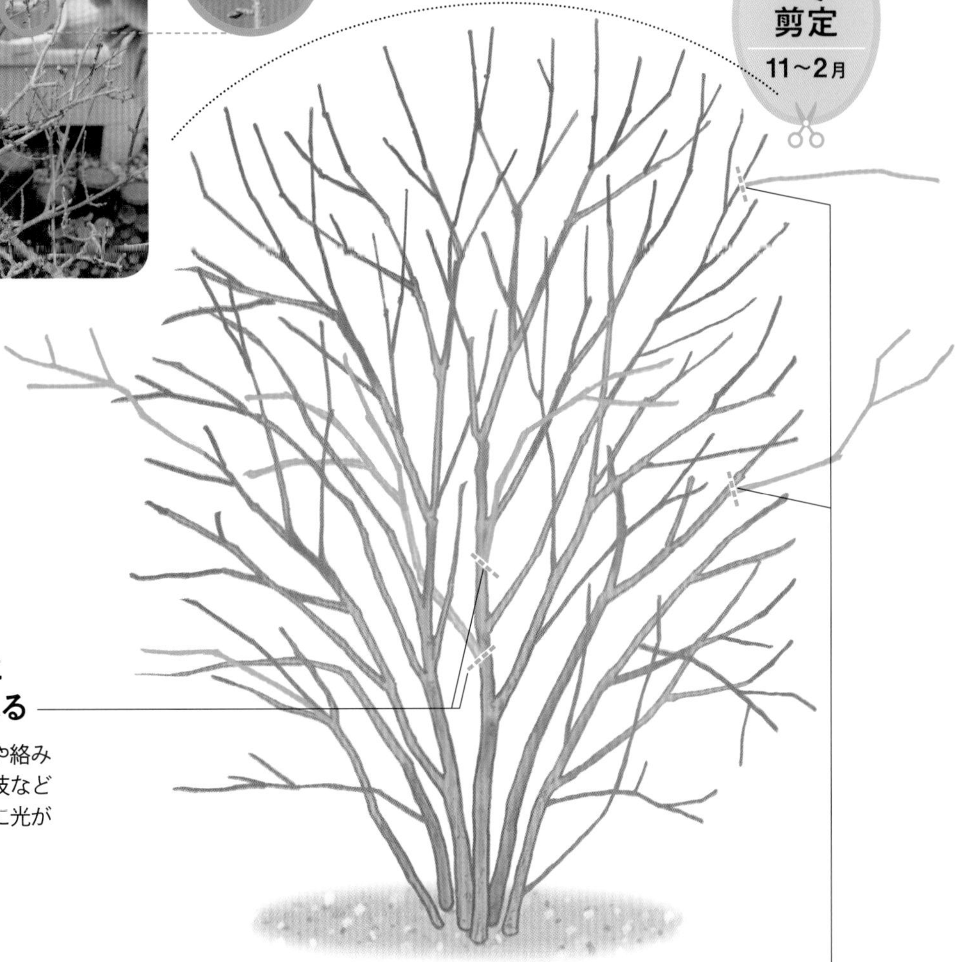

1 花芽に気をつけて切る

枝全体に花芽がついているので、花芽に気をつけて切ります。

2 樹冠内に光を入れる

混み合っている枝や絡み枝、交差している枝などを切り取り、樹冠に光が入るようにします。

3 樹形を整える

立ち枝や樹冠からはみ出している枝をつけ根で切ります。

＼完成／

枝全体に
花が咲いている

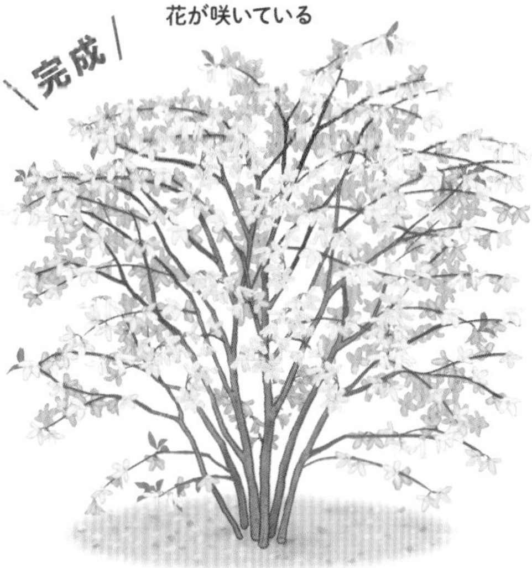

絡み枝や交差枝がなく、すっきりした枝ぶりが見える

ロウバイ

庭木として使われるのは花色が黄色一色のソシンロウバイが一般的です。

基本データ

科　属	ロウバイ科ロウバイ属
タイプ	落葉広葉樹
樹　形	株立ち
樹　高	4~5m

剪定カレンダー

月	
1	開花
2	開花
3	剪定
4	
5	
6	
7	花芽
8	
9	
10	
11	剪定
12	

(月)

剪定のポイント

◆小さい庭では3~4本を主幹にして太らせ、花を咲かせる。

◆数年に一度、花をたくさん咲かせた枝を切って新しい枝を出させる。

◆混み合った部分では、対生の枝を互い違いに切ってすっきり見せる。

※長い枝には花芽がつかないので、短い枝が出るように剪定するとよい。

冬 剪定 11月

1 短枝は切らない

短枝には花芽がついているので、切らないようにします。

2 対生の枝の片方を切る

枝は対生で１カ所から２本ずつ出るので、バランスを見て互い違いを意識するように切ると枝ぶりがすっきりします。

3 不要枝を切る

逆さ枝や交差枝、徒長枝、上向きの枝などの不要枝（➡P25）を切って、光が中まで入るようにします。ひこばえも切り取ります。

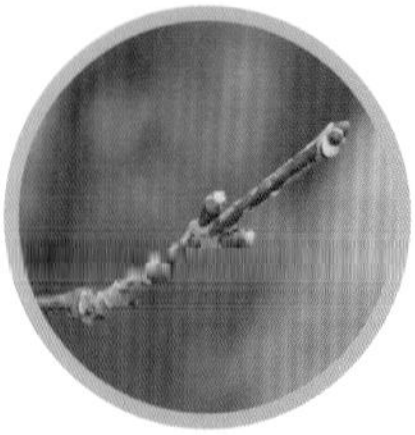

花芽のつき方

花後に伸びた枝の短枝に花芽ができ、翌春に咲きます。

春
剪定
3〜4月
（上旬）

1 樹形を整える

樹冠からはみ出している枝を芽の上で切り、樹形を整えます。

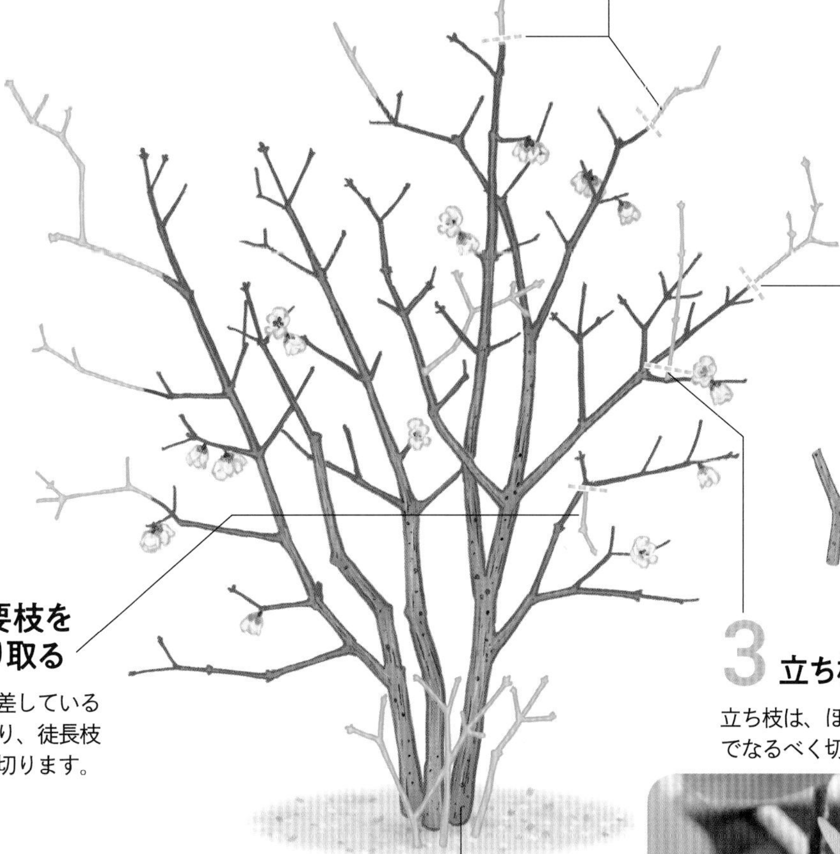

2 枝を更新する

4〜5年に一度、花をたくさん咲かせた枝をつけ根近くで切って新しい枝を出させ、更新します。

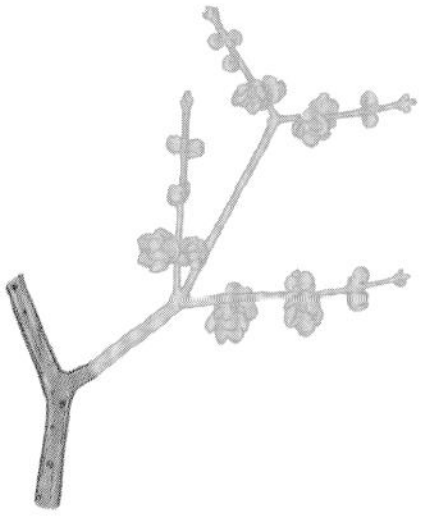

3 立ち枝を切る

立ち枝は、ほかの枝に絡むのでなるべく切り取ります。

4 不要枝を切り取る

逆さ枝や交差している枝を切り取り、徒長枝は芽の上で切ります。

5 主幹を太らせる

株立ちで地際からよく芽吹くので、3〜4本を主幹にし、あとは地際から切り取り、主幹はしっかり太らせるとよく花をつけます。

完成

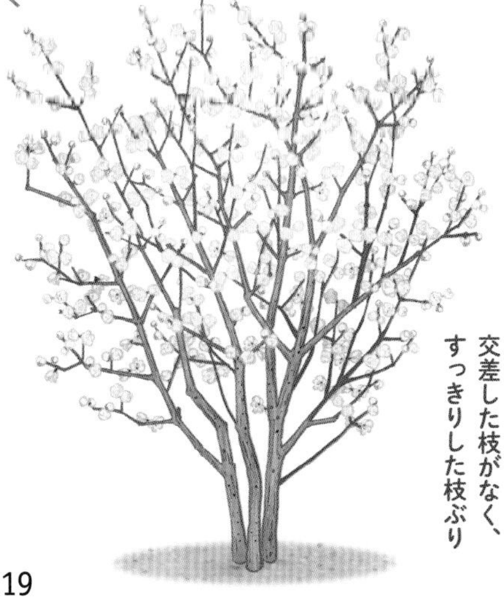
枝全体にまんべんなく花が咲く
不要な枝や交差した枝がなく、すっきりした枝ぶり

ロドレイア

ピンクの花が下向きに咲く近年流通の花木。緑の葉表と白っぽい葉裏の対比が美しい。

基本データ

科　属　マンサク科ロドレイア属
タイプ　常緑広葉樹
樹　形　幹立ち
樹　高　2~12m

剪定カレンダー

月	
1	
2	
3	
4	開花
5	剪定
6	剪定
7	花芽
8	
9	
10	
11	
12	

(月)

剪定のポイント

◆背が高くなるので、徒長枝を切って樹形を保つ。
◆ふところ枝、交差している枝などの不要枝を切る。
◆刈り込みにも強いので、若木のころから刈り込んで枝数を増やす。

※放任でも樹形はくずれにくいが、剪定時期を間違えると花がつかなくなるので注意。

夏剪定 5~6月(中旬)

1 芯を止める

生長スピードはゆっくりですが、放っておくと樹高が高くなります。若木のうちに主幹を好みの高さで切って、芯を止めておきます。

2 樹冠から飛び出した枝を切る

樹冠から飛び出した枝を節の上で切って、樹形を保ちます。

花芽のつき方

花後に伸びた枝に花芽をつけます。左側の緑がかって少しふくらんでいるのが花芽です。

3 徒長枝を取り除く

上に勢いよく伸びている徒長枝は、樹形を乱すのでつけ根から切り、取り除きます。徒長枝の剪定なら9～11月に行っても問題ありません。

4 ふところ枝を切る

樹冠内部のふところ枝や絡み枝、交差している枝などを切り、内部まで光が届くようにします。

枝数が多く
葉がモコモコとよく茂る
＼完成／
花つきがよく、
次々と咲く

5 刈り込んで枝数を増やす

刈り込みにも比較的強い樹木です。刈り込み仕立てにする場合は、若木のうちに強剪定を行い、枝数を増やします。

イチゴノキ

夏 剪定 5~11月（中旬）

春 剪定 2~4月（下旬）（上旬）

実は黄～オレンジ～赤と変化します。花はアセビに似ており、白花と紅花があります。

基本データ

科　属　ツツジ科イチゴノキ属
タイプ　常緑広葉樹
樹　形　幹立ち
樹　高　2~3m

剪定カレンダー

剪定のポイント

◆樹冠から跳び出している枝を切って、樹形を整える。
◆古い枝や枯れ枝を切って透かし、樹冠の内部に光が入るようにする。
◆自然に樹形が整うので、強剪定はしない。

※一年中、花芽、花、果実などが枝先にあるので、不要枝を間引く程度にとどめる。

1 樹形を整える

樹冠から飛び出している枝を切って、樹形を整えます。枝を切るときは、枝の分かれ目の上で切ります。

花芽のつき方

今年伸びた枝の先に花芽ができて、晩秋に咲きます。果実は花が咲いた翌年の秋に熟します。

2 徒長枝を切る

上に強く伸びる徒長枝は樹形を乱すので、枝のつけ根で切ります。

3 内部の不要枝を切る

樹冠内部の古い枝や枯れた枝を切りのぞきます。不要枝であっても葉が少ない木の場合は、光合成のために葉が必要なので切らずに残しておきます。

完成
卵形に近い
楕円形の樹冠
樹冠の内部まで
光や風が届く
程度に透かす

ウメモドキ

赤い実が一般的ですが白実の品種もあります。雌雄異株で実は雌木につきます。

夏 剪定 5～6月(中旬)

1 徒長枝や不要枝を切る

内向き枝や徒長枝などはつけ根で切り取ります。混み合った部分は細い枝を切って間引き、太い枝を残して風通しをよくします。

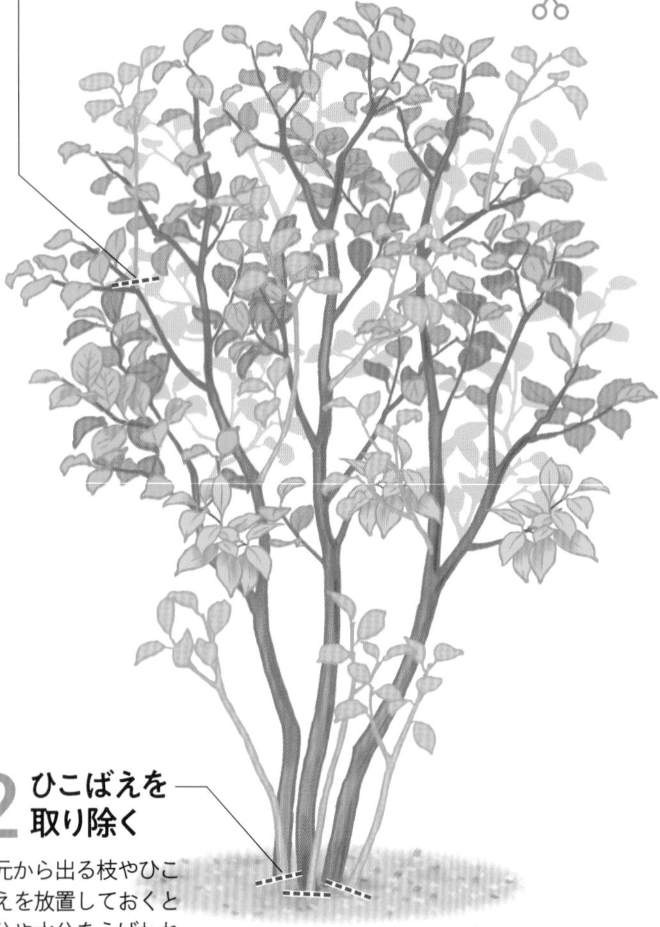

2 ひこばえを取り除く

株元から出る枝やひこばえを放置しておくと養分や水分をうばわれます。主幹は3～4本に程度にし、それ以外はつけ根から切り取ります。

3 強剪定は避ける

枝のどこでも切れますが、深いところで切る強剪定をすると徒長枝が出て実つきが悪くなります。強剪定は避けましょう。

冬の葉芽

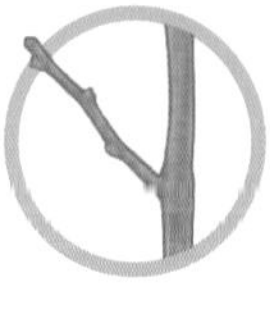

春の様子

つぼみのつき方

冬の葉芽から短枝が伸びます。4～5月に短枝につぼみがつき、その年に花が咲いて実がなります。

基本データ

科　属　モチノキ科モチノキ属
タイプ　落葉広葉樹
樹　形　株立ち
樹　高　1～3m

剪定カレンダー

月		
1		剪定
2		
3		
4		
5		剪定
6		
7	花芽	
8		
9	果実	
10		
11		
12		剪定

(月)

剪定のポイント

◆ひこばえは地際から切り、主幹を3～4本に保つ。
◆枝が混んでいる部分は間引いて、風通しをよくする。
◆実がたくさんついた枝は、しだいに実がつかなくなるので更新する。

※自然と樹形がまとまるので、不要な枝を間引く程度の剪定でよい。

冬
剪定
12～3月

1 短枝を残し徒長枝を切る

長く伸びた徒長枝を、枝の流れを見ながら切ります。立ち枝や横枝を切り取り、花芽がつきやすい短枝を残します。

2 枝を間引く

枝が混んでいるところは、交差した枝や絡み枝、内向きの枝などの不要枝を枝の分かれ目から切り取って間引き、風通しをよくしてやります。

3 枝を更新する

実がたくさんついた枝はしだいに実の数が少なくなるので、つけ根から切り取り、新しい枝を出させます。

4 株立ちの幹を3～4本にする

株立ちで根元から新しい枝が芽吹きます。幹は3～4本になるように芽吹いた枝を切り取り、残した幹も枝分かれした部分から横枝を切るように剪定します。

＼完成／

株全体に
平均的についている
樹冠内に無駄な枝がなく、
風や光がよく差しこむ

カキノキ

関東以西では甘柿が栽培されますが、寒い地方では渋柿が多くなります。

基本データ

科　属　カキノキ科カキノキ属
タイプ　落葉広葉樹
樹　形　幹立ち
樹　高　3～10m

剪定カレンダー

月	生育	作業
1		剪定
2		剪定
3		
4		
5	開花	剪定
6	開花	剪定
7	花芽	摘果
8	花芽	摘果
9	果実	
10	果実	
11	果実	
12		剪定

(月)

剪定のポイント

◆枝を切ることで枝数を増やし、果実の数を増やす。
◆実のついた枝は翌年は実がつかないので切って枝を更新する。
◆大木になった木を低くするときは、毎年2～3mずつ切り戻す。

※渋柿も甘柿も剪定のやり方は同じ。

夏 剪定

5～6月
(中旬)

1 不要枝を切る

主幹から伸びてきた新しい枝、徒長枝や下向きの枝などの不要枝（➡P25）はつけ根で切ります。

2 混み合っている枝を切る

葉が触れ合っているような混み合う部分の枝は、細い枝を選んでつけ根から切ります。

3 摘果をする

一カ所にたくさん実がなっているとひとつひとつが小さくなるので、小さめの実や傷がついている実を切り落とします。ひとつの実のまわりに15～20枚の葉がついているのが目安です。７月下旬～８月中旬が適期です。

花芽のつき方

30センチくらいに伸びた今年の枝の先に混合花芽(⇒P16)ができます。混合花芽から翌年枝が伸びて、花が咲き実がなります。

冬 剪定 12～2月

1 実のつかなかった枝は残す

カキの花芽はひとつの枝に１年おきにできます。今年実がつかなかった枝は翌年実がなる可能性があるので、長さ30㎝くらいまでの枝は切らずに残します。

2 長い枝は2～3芽残して切る

実がなるのは30㎝くらいまでの中間の長さの枝です。それよりも長い枝はつけ根の２～３芽を残して切り、新しい枝を伸ばします。

4 実のついた枝は切る

今年実がなった枝は来年は実がつかないので、実の下の節の上で切って新しい枝を出させます。また、実を取るときに枝ごと折り取ると剪定が楽になります。

5 立ち枝はつけ根で切る

上に向かっている立ち枝は実がつきにくいので、つけ根で切り落とします。ふところの小枝や細い枝、内向きの枝などの不要枝もつけ根から切り取ります。

3 混み合った枝を切る

カキノキは１カ所から数本の枝が出る性質がありますから、細い枝や立ち枝、内向きの枝などをつけ根から切り取り、１本を残すようにします。

完成

枝が平らに広がって、樹冠の中にまで光が入る

ひとつひとつが大きい実が、ほどよく散らばってついている

6 大木は数年かけて切り戻す

大木になった木を小さく仕立て直すときは、直径10㎝くらいまでの太さの枝を毎年２～３ｍずつ切り戻すことをくり返して、好みの高さに仕立て直します。

カンキツ類

庭で栽培されるカンキツ類は、レモン、ユズ、キンカンなど多くの種類があります。

基本データ

- 科　属　ミカン科ミカン属
- タイプ　常緑広葉樹
- 樹　形　幹立ち
- 樹　高　3〜5m

剪定のポイント

◆長い枝は全体の3分の1の長さに切りつめる。
◆上に向かって強く伸びる枝や、古くなって太くなった枝は切る。
◆収穫しやすいように、上ではなく横に広がる形を意識して剪定する。
◆数年に1度、胴吹き枝を残して古い枝を切り、枝を更新する。
◆実がなりすぎると次の年の実が減るので、適宜、摘果する。
◆とげは半分に切っておくと作業がしやすい。

※剪定や果実のなる時期は種類によって異なるが、基本的な剪定方法は同じ。

ユズ

花芽のつき方

混合花芽（⇒P16）で、今年伸びた枝に翌年の1〜3月に花芽がつきます。そこから新しい枝が伸びて花が咲き、秋に実ります。

剪定カレンダー

1	2	3	4	5	6	7	8	9	10	11	12	(月)
		剪定		剪定								
				開花	摘果		果実					

キンカン

花芽のつき方

混合花芽で、今年伸びた枝にその年の6月ごろに花芽ができます。翌春に開花し秋に実がなります。

剪定カレンダー

1	2	3	4	5	6	7	8	9	10	11	12	(月)
		剪定		剪定								
果実						開花		摘果			果実	

レモン

花芽のつき方

今年伸びた枝に翌春1〜3月に花芽がつき、春に咲いて秋に実がなります。主に四季咲き性が強い品種が出回っているので、夏や秋に伸びた枝にも花芽ができて実がなりますが、夏と秋の実は摘み取ります。

剪定カレンダー

1	2	3	4	5	6	7	8	9	10	11	12	(月)
			剪定	剪定								
				開花								
				果実								
						摘果			摘果			

夏
剪定
5～6月
（中旬）

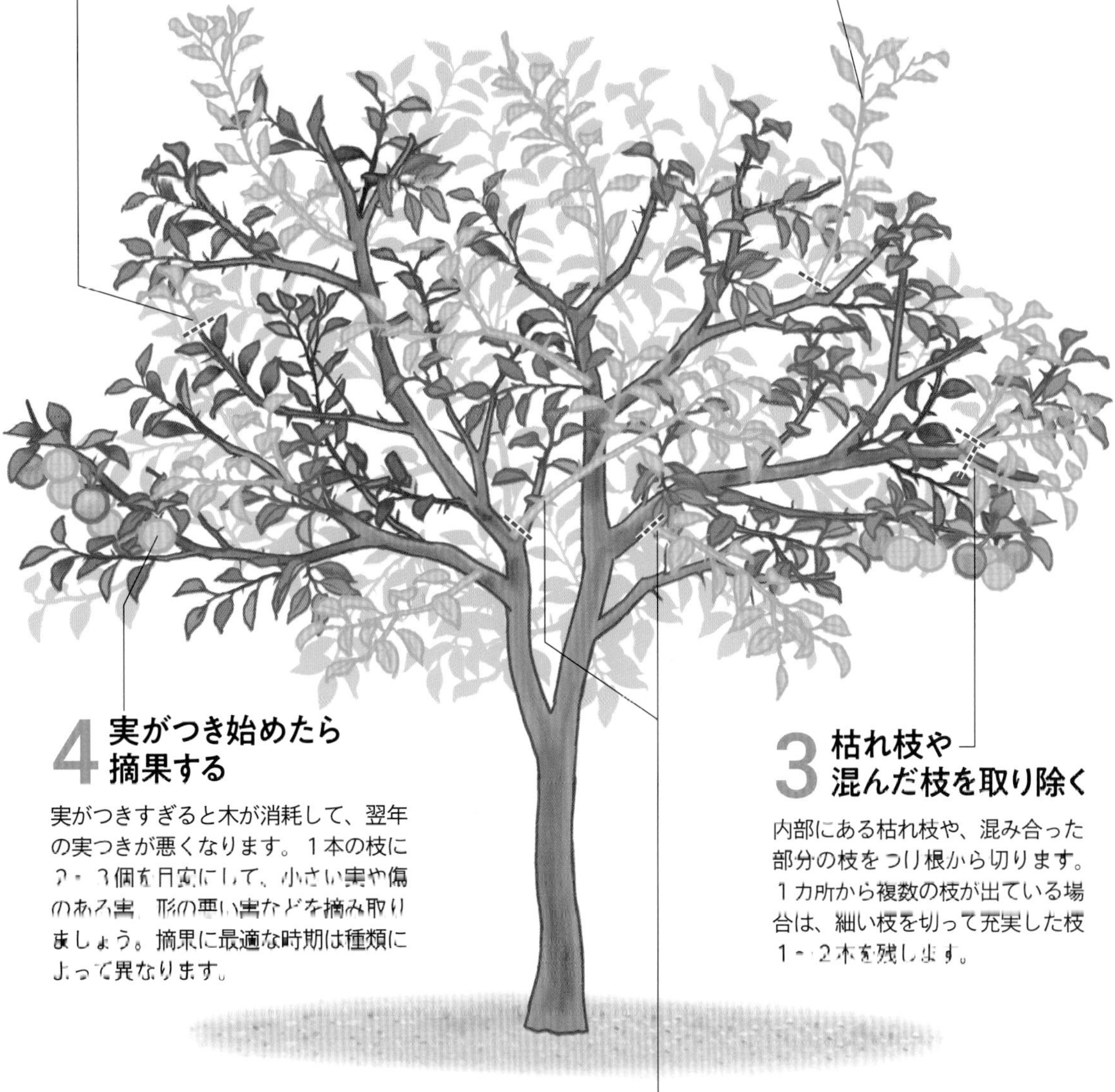

1 徒長枝を切る

上に勢いよく伸びる徒長枝はつけ根から切り取ります。

2 春に伸びた枝を整える

春に伸びて樹冠を飛び出すような長い枝は、枝先を切って全体のバランスを整えます。新しい枝も増えます。

3 枯れ枝や混んだ枝を取り除く

内部にある枯れ枝や、混み合った部分の枝をつけ根から切ります。１カ所から複数の枝が出ている場合は、細い枝を切って充実した枝１～２本を残します。

4 実がつき始めたら摘果する

実がつきすぎると木が消耗して、翌年の実つきが悪くなります。１本の枝に２～３個を目安にして、小さい実や傷のある実、形の悪い実などを摘み取りましょう。摘果に最適な時期は種類によって異なります。

5 不要枝を切る

内向き枝、下がり枝などの不要枝（➡P25）は樹冠を乱すため、つけ根で切り落とします。

春
剪定
3～4月
(中旬)(上旬)

1 飛び出した枝を切り戻す

長く飛び出した枝は、３分の１程度に切り戻します。

2 コンパクトな大きさを保つ

あまり大きくなりすぎないように主幹を切りつめます。１～２m程度の任意の高さで、枝分かれしている位置で切ります。

3 とげは半分程度の位置で切る

とげがあるので、作業のじゃまになるようなときは、長さの半分くらいの位置で切ります。

剪定前

剪定後

NG

とげを根元から切ると木が弱ります。

4 立ち上がり枝を誘引する

上に勢いよく伸びる枝は実がつきにくい傾向があります。つけ根から切ってしまってもよいのですが、枝数が少ない場合は切らずに、ひもで誘引して横に広げてもかまいません。

5 枝を間引く

日当たりが悪いと枝が伸びず実つきも悪くなります。樹冠内の混み合った太い枝を切り取り、光や風通しをよくします。

完成
1本の枝につく実が多すぎず、木全体についている
枝がほどよく透けて、内部まで日が入り風通しもよい

6 枝を更新する

枝が太く古くなると実つきが悪くなります。数年に１度、胴吹きの枝を残して古くなった枝をつけ根から切り取り、枝を更新します。

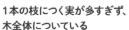

キウイフルーツ

雄花の咲く雄株と雌花が咲く雌株がある雌雄異株で、両方植えないと果実はなりません。

基本データ

科　属　マタタビ科マタタビ属
タイプ　落葉広葉樹
樹　形　つる性
樹　高　5～8m

剪定カレンダー

月		
1	剪定	
2		
3		
4		
5	剪定	開花
6	剪定	開花・摘果
7		摘果
8		
9		
10		果実
11	剪定	果実
12	剪定	

(月)

剪定のポイント

◆つるははじめ真っ直ぐに伸びるが、6月下旬ごろからほかのものに巻きつき始めるので、巻き始めたところから先を切る。
◆果実ができたつるは、果実から10～12節先の辺りでつるを切る。
◆果実がなる雌花は短枝につくので、短枝は切らない。

冬 剪定

11～1月(中旬)

1 上に伸びた枝は切る

主枝（中心となる太いつる）から上に向かって伸びた枝は、つけ根のところから切り取ります。

2 混み合ったつるを切る

絡み合ったつる、混み合った枝などを切り取って日当たり、風通しをよくします。

3 主枝を切り戻す

主枝をそのまま放置するとどんどん伸びるので、適当なところで切り戻します。ときには、主枝をつけ根で切って、勢いのよい側枝を主枝に切り替えてもよいでしょう。

4 新しい枝は4～7芽残して切る

花芽は混合花芽（➡P16）で、昨年伸びた枝葉の脇につきます。その混合花芽から新しい枝が伸びて7節目辺りまでに果実がつきます。新しい枝は4～7節目を残して切り取ります。

花芽のつき方　今年伸びた枝のつけ根から3～7節目あたりまでの葉の脇にできて、翌年の春に花が咲き、その年の秋に実がなります。

夏
剪定
5~6月
(中旬)

1 摘心をする

枝葉が混み合うと養分が果実にまわらなくなります。葉がたくさんついている株は、余分な葉がつかないようにつるを切って(摘心)、養分を果実の成熟に使うようにうながします。風通しをよくする効果もあります。

2 不要枝を切る

太い枝から垂直に伸びる徒長枝や、下り枝などの不要枝(➡P25)はつけ根から切り取ります。

3 巻きづるを切る

つるははじめ真っ直ぐに伸びてきますが、やがて先が他のものに巻きつくようになります。つるが巻き始めたらその部分から先を切って取りのぞきます。

4 短い枝は花芽を確認する

太めの短い枝に果実がなる雌花がつきやすいので、短い枝はできるだけ切らないようにします。

完成
上に伸びた徒長枝や
巻きついたつるがなく、
葉によく日が当たる
果実の数が多すぎず
適度で、それぞれが
大きく甘くなる

5 摘果する

果実が多くついていると養分を奪い合って実が小さくなり、味もよくなりません。5～7葉に1つの果実がつく程度を目安に、果実が小さいころに摘み取ります。

コムラサキ

一般にムラサキシキブと呼んで植えられているものは、ほとんどがコムラサキです。

基本データ

科　属	シソ科ムラサキシキブ属
タイプ	落葉広葉樹
樹　形	株立ち
樹　高	1〜2m

剪定のポイント

◆枝葉が茂りすぎて混み合ってきたら、間引くように切る。
◆強剪定すると勢いの強い枝が出て、花つきや実つきが悪くなる。
◆4〜5年に1回、すべての枝を地際から切り、株を更新する。

※花芽は新しく伸びた枝の上半分くらいにつく。

剪定カレンダー

(月)	剪定・花芽	開花・実
1	剪定	
2		
3		
4		
5	剪定	
6		
7	花芽	
8		開花
9		実
10		
11	剪定	
12		

夏剪定 5〜6月（中旬）

1 枝先を切る

花芽は新しい枝の上半分くらいにつきますが、長く伸びすぎて気になるときには、枝先を切ります。

2 徒長枝を切る

樹冠から飛び出した徒長枝をつけ根から切り取り樹形を整えます。

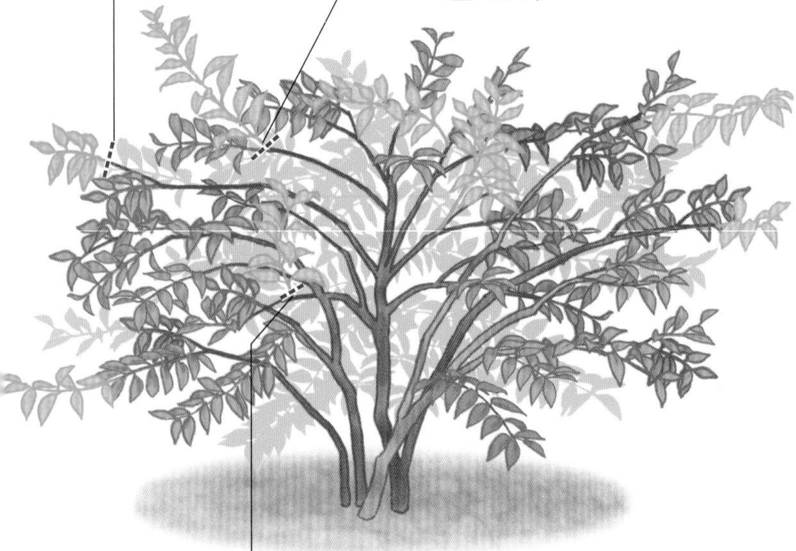

3 不要枝を切る

樹冠の中の内向きの枝や絡み枝、重なった枝などの不要枝（➡P25）を切り取り、光が内部まで入るようにします。

花芽のつき方　今年伸びた枝の葉腋につぼみができて、その年に咲き、秋に実が熟します。徒長枝には花芽はつきにくいです。

冬
剪定
11～3月
(中旬) (上旬)

1 枝を間引く

枝が混み合っている部分は、外側に向かって伸びている枝を残して切ります。

2 樹形を整える

全体のバランスを見て、樹冠から飛び出しているものは枝先を切り取ります。この時期、花芽は肉眼で確認できませんが、枝先を切る場合は芽を残すように切ります。

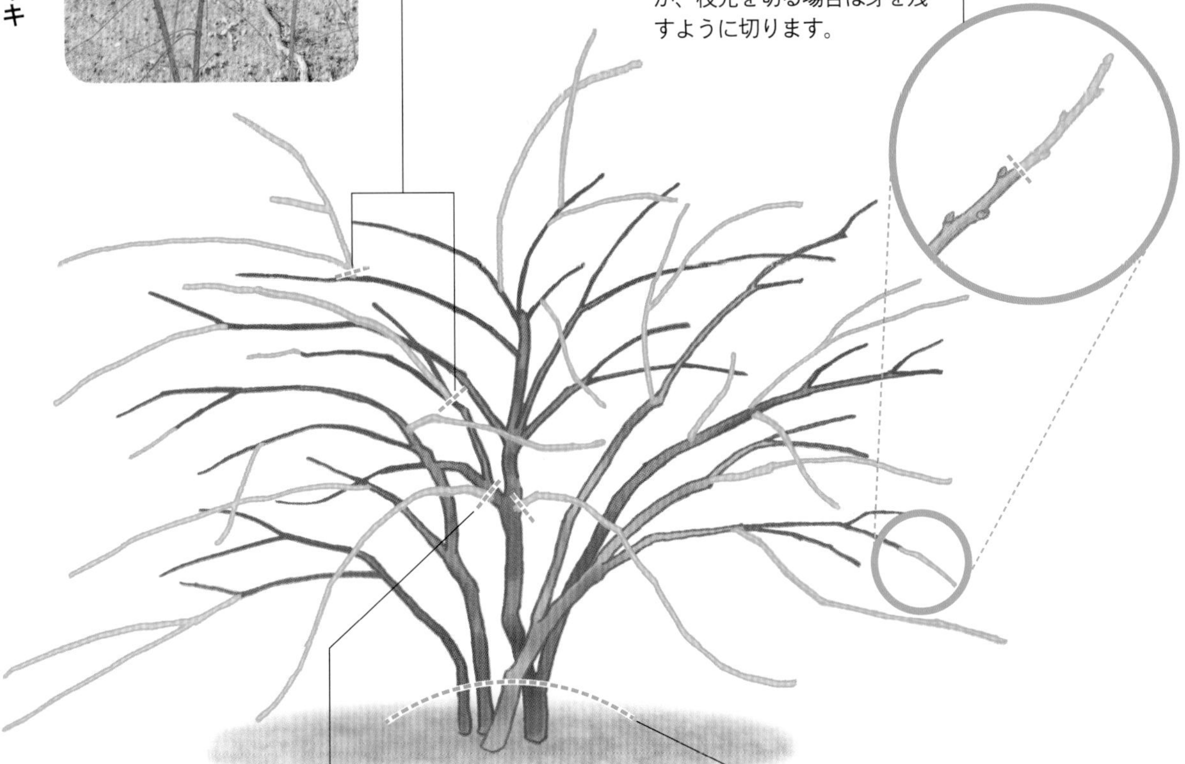

3 不要枝を切る

下り枝、枯れ枝などの不要枝はつけ根から切ります。

4 数年ごとに株を更新する

4～5年に一度は、すべての枝を地際から切り、株を更新します。

＼完成／

小粒の実がかたまってたくさんついている

1本1本の枝のラインがきれいに流れ、樹冠の中が透けて光が入る

ザクロ

実の収穫もできますが、花を楽しむ木としても昔から親しまれています。

基本データ

科　属　ミソハギ科ザクロ属
タイプ　落葉広葉樹（熱帯では常緑）
樹　形　幹立ち
樹　高　2～3m

剪定カレンダー

剪定のポイント

◆花や果実は枝先につくので、切り戻しはしないで間引き剪定をする。
◆ひこばえが出やすいので、見つけしだい地際から切り取る。
◆混み合う枝や内向きの枝を切り、枝が少し垂れるように仕立てる。

※枝先にトゲがあるので剪定の際は注意する。

夏剪定
5～6月（中旬）

1 大きな剪定はしない

つぼみがついて実の準備が進んでいるため、徒長枝や混み合った部分のみを切る間引き剪定にします。どちらもつけ根から切るようにしましょう。混み合う枝はバランスを見て切ります。

2 ひこばえを切る

ひこばえが出やすい樹木なので、地際から切って取り除いておきます。

花芽のつき方
充実した枝の頂部と先のほうに花芽ができ、翌年枝が少し伸びて、その先に花が咲きます。

1 太い枝から切る

枝を間引くときには太い枝から切りますが、その枝を切り取った後の全体のバランスを想像して、切るかあるいはその枝を残して、次の太さの枝を切るかを決めます。

冬
剪定
11〜3月
（中旬）（上旬）

2 枝先は切らない

春に伸びた枝の先に花芽がついているので、枝先はできるだけ切らないようにします。

3 不要枝を間引く

立ち枝や重なっている枝、絡み枝などを枝のつけ根から切り取ります。

4 内向きの枝を切る

枝分かれしているじゃまな枝を切るときは、外向きの枝を残し、樹冠の内部に向かっている枝を切り取ります。

5 ひこばえを切る

株の根もと近くに出たひこばえや胴吹きは見つけしだい切ります。ひこばえを残しておくと養分や水分をうばってしまい、木の本体が弱くなります。

＼完成／

混み合った枝がなく、
樹冠の中まで
光や風が入る

若い枝は
やわらかく枝垂れ、
枝の先に花や実がつく

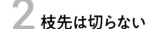

ジューンベリー

別名はアメリカザイフリボクといい、甘ずっぱい赤い果実は生食できます。

基本データ

科　属　バラ科ザイフリボク属
タイプ　落葉広葉樹
樹　形　幹立ち
樹　高　4〜5m

剪定カレンダー

月	開花・果実・花芽	剪定
1		剪定
2		剪定
3		剪定
4	開花	
5	開花	
6	果実	剪定
7	花芽	
8		
9		
10		
11		剪定
12		剪定

(月)

剪定のポイント

◆基本は枝が混み合わないように不要枝を剪定する程度でよい。
◆若木のあいだは徒長枝がよく出るので切り取る。
◆枝先に花芽がつくので、できるだけ枝先は切らないようにする。

※6月中は強剪定も可能。大きくなりすぎたものを小さくしたいときはこの時期に。

夏 剪定 6月

1 徒長枝を切る

木が若いうちは徒長枝が出やすくなります。徒長枝は切って、樹形を整えます。

2 樹形を整える

新しく伸びた枝を切って、樹形を整えます。内側にある絡み枝や混み合う枝も切っておきます。

3 枝は芽の上で切る

枝を切るときは外芽（➡P24）を選んで、芽の上で真横か斜めに切ります。切り口が芽の高さより下にならないようにします。

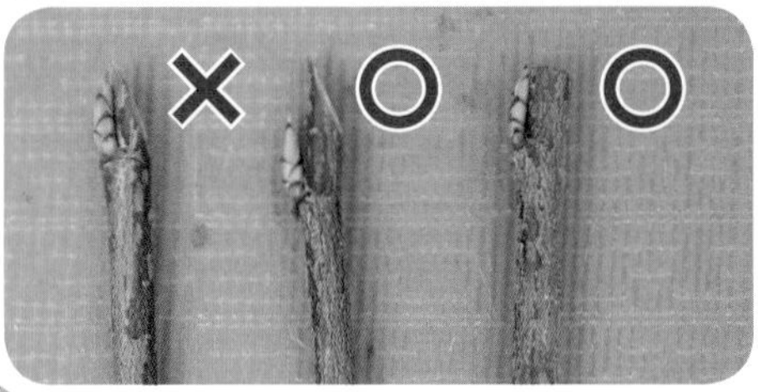

花芽のつき方

ひとつの芽から花や葉が出る混合花芽（⇒P16）で、今年伸びた枝の頂部につくられます。翌春、混合花芽から新しい枝が伸びて、花が咲いたあと実になります。

冬 剪定

11～3月（中旬）

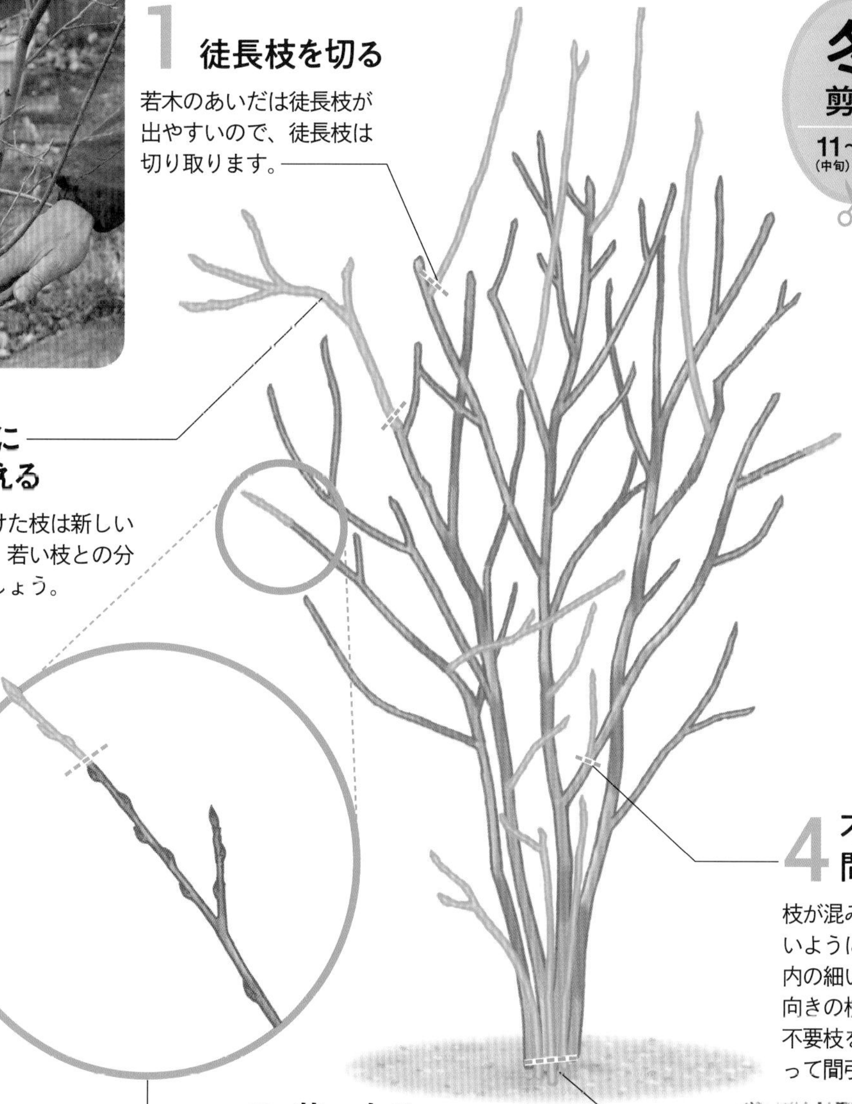

1 徒長枝を切る

若木のあいだは徒長枝が出やすいので、徒長枝は切り取ります。

2 若い枝に切り替える

２～３年実をつけた枝は新しい枝に更新します。若い枝との分かれ目で切りましょう。

3 若い木は新梢の枝先を切る

若い木は枝葉を増やすために、新しく伸びた枝を枝先の３分の１くらいの外芽の上で切ります。枝先を切ると翌年の花がつかなくなりますので、全部の枝先を切らずに、伸ばしたいと思う枝だけを切るようにしましょう。

4 不要枝を間引く

枝が混み合わないように、樹冠内の細い枝や内向きの枝などの不要枝を切り取って間引きます。

5 ひこばえを取り除く

株立ちの枝数を３～４本程度にするため、ひこばえは地際で切って取り除いておきます。

＼完成／

自然な
やわらかい樹形
全体にバランスよく
実がついている

ナンテン

お正月用の花材としても使われることの多い縁起物の植物です。

基本データ

科　属　メギ科ナンテン属
タイプ　常緑広葉樹
樹　形　株立ち
樹　高　1～3m

剪定カレンダー

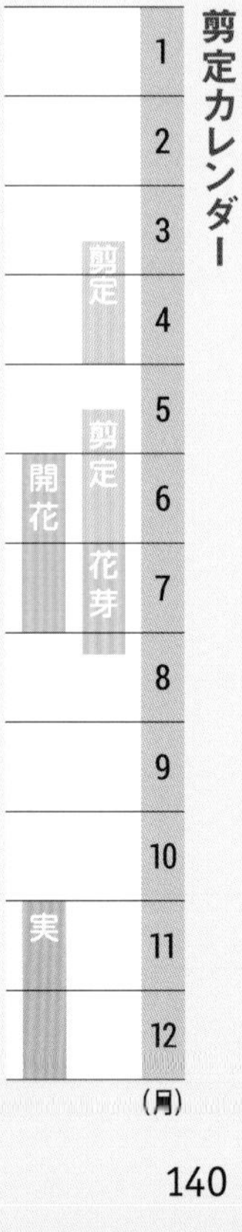

剪定のポイント

◆ひこばえがよく出るので、切り取って主枝を5～7本に保つ。
◆古い葉を更新するときは、中心の芽を残してすべての葉を切り取る。
◆株が古くなったら、すべての枝を根元から切って更新する。

※実のついた枝は2～3年は実がならないので、そのような枝を選んで剪定する。

春 剪定 3～4月（下旬）

夏 剪定 5～6月（中旬）

1 枝を切り戻す

枝が上にどんどんと伸びるので、樹高が高くなったものは、梅雨時に好みの高さで枝を切りつめます。

2 葉刈りをする

葉を更新する方法です。花はいちばん上の芽にしかつかないので、この中心にある芽を残してすべての葉を切り取ると、新しい葉が出てきれいに整います。葉刈りは3月下旬～4月上旬が適期です。

3 ひこばえを切る

ひこばえがよく出るので、主枝は5～7本程度にしてそれ以外は地際から切り取ります。

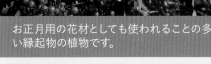

実を保護する

正月にきれいな実を楽しむために、新聞紙で葉と実を一緒につつんでおきます。こうすると、実が落ちたり、小鳥に食べられたりすることなく、きれいな実つきの枝を楽しめます。

4 大きくなりすぎたら株を更新する

大きくなった株を小さくしたい場合は、すべての幹を、一番下にある節の上で切ります。数本だけ残したりすると、新しい枝が出にくくなるため、すべての幹を同じように切ります。節から新しい芽が出て株が更新されますが、２年程度は花や実がつきません。

＼完成／

新しい緑の葉がついて、たくさんの実が房になって実る

混み合った枝がなく、株の中に風や光が通る

ビワ

もともとは中国から渡来して野生化した果樹です。花には甘い香りがあります。

基本データ

科　属	バラ科ビワ属
タイプ	常緑広葉樹
樹　形	幹立ち
樹　高	3～5m

剪定カレンダー

(月)		
1	開花	
2		
3	摘果	
4		
5		
6	果実	
7	花芽	
8		
9		剪定
10	摘蕾	
11	開花	
12		

剪定のポイント

◆枝がたくさん出るので間引いて、樹冠の中まで光が入るようにする。
◆2～3年実をつけた枝は切り取ることで、全体の実つきがよくなる。
◆花芽のついた枝のまわりは、花芽がない枝を1本残して切り取る。

※大実種（田中系品種）と中実種（茂木系品種）があるが、剪定方法は同じ。

夏 剪定 9～10月

1 枝を間引く

ビワの枝は輪生状に、一カ所から4～5本が出てくるため、樹冠内が混みがちになります。混んだ部分は中央の短枝と短めの枝を2～3本残して枝を間引き、樹冠の中に光や風が入るようにします。

2 枝を更新する

2～3年実をつけた枝はつけ根から切り取ります。ほかの枝に栄養をまわし、全体の実つきをよくします。

摘蕾で実を減らす 10月ごろ

花芽が房状になってたくさんつくので、10月ごろ、株全体の花房を半分くらいに減らします。大実種は上部を切り取り、下2～3段を残します。中実種は上部と下1～2段を切り取り、中の3～4段を残します。

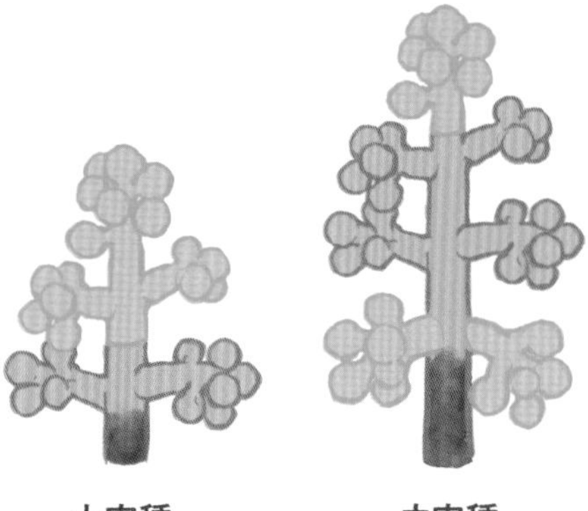

花芽のつき方

春から伸びた新しい枝の先端に花芽がつくられ、その年の冬に咲きます。果実は翌年の初夏に実ります。

3 徒長枝を切る

上に強く伸びる徒長枝はつけ根から切り取ります。

4 翌年の花芽の枝をつくる

花芽がついた枝の下の枝は、翌年の花芽のために1本だけ残し、ほかの枝はつけ根から切り取ります。

摘果で実を甘くする

3月下旬ごろ

実ができてきたら、小さいものや傷ついたものなどを摘み取り、ひと房に2～3個の実にします。残った実に養分が集まり甘くなります。

5 小さく仕立て直す

大きくなりすぎて手入れがしにくくなったら、3年ほどかけて小さく仕立て直します。1～2年目は、主幹から出る太めの枝を少しずつ、つけ根で切り取っていき、3年目に主幹を低い位置で切り戻します。小さく仕立て直した後の数年は果実が実りませんが、残した主枝に新梢が出て立ち上がり、数年後には実がなります。

＼完成／
果実が多すぎず、木の消耗が少ない
枝が混みすぎず、光や風が樹冠内に入る

ブルーベリー

さまざまな品種があり、2品種以上を一緒に植えると実つきがよくなります。

冬 剪定 12～2月

1～3年目の樹形づくり

植えつけ後1～2年間は、株を充実させるために、花を咲かせないようにします。花芽は枝の先のほうに数個がつきますから、花芽の下の葉芽の上で切り、花芽を落とします。切る位置を枝ごとに変えて高低をつけるなどして樹形を整えます。

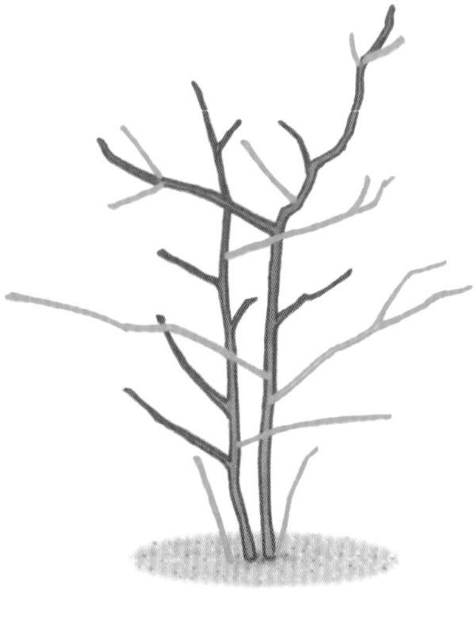

1年目の剪定

主枝を育てる

植えつけてから1年目は主枝が元気に育つように、細い枝やひこばえ、混み合った枝を切り取ります。ただし、光合成をする葉が減りすぎないように注意します。

花芽のつき方

今年伸びた新しい枝の先の部分につくられ、翌年花が咲いて実がなります。

基本データ

科　属　ツツジ科スノキ属
タイプ　落葉広葉樹
樹　形　株立ち
樹　高　1～3m

剪定カレンダー

月	開花・果実	花芽	剪定
1			剪定
2			
3			
4			
5	開花		
6		花芽	
7	果実		
8			剪定
9			
10			
11			
12			剪定

(月)

剪定のポイント

◆植えつけから1～2年の間は、実をつけずに元気な株をつくる。
◆3年目からは間引き剪定を中心に行い、実を収穫する。
◆ひと株の主枝は3～5本にし、古い枝は根元から切り取って更新する。

※ハイブッシュ系の品種は冷涼地に向き、ラビットアイ系の品種は暖地に向く。

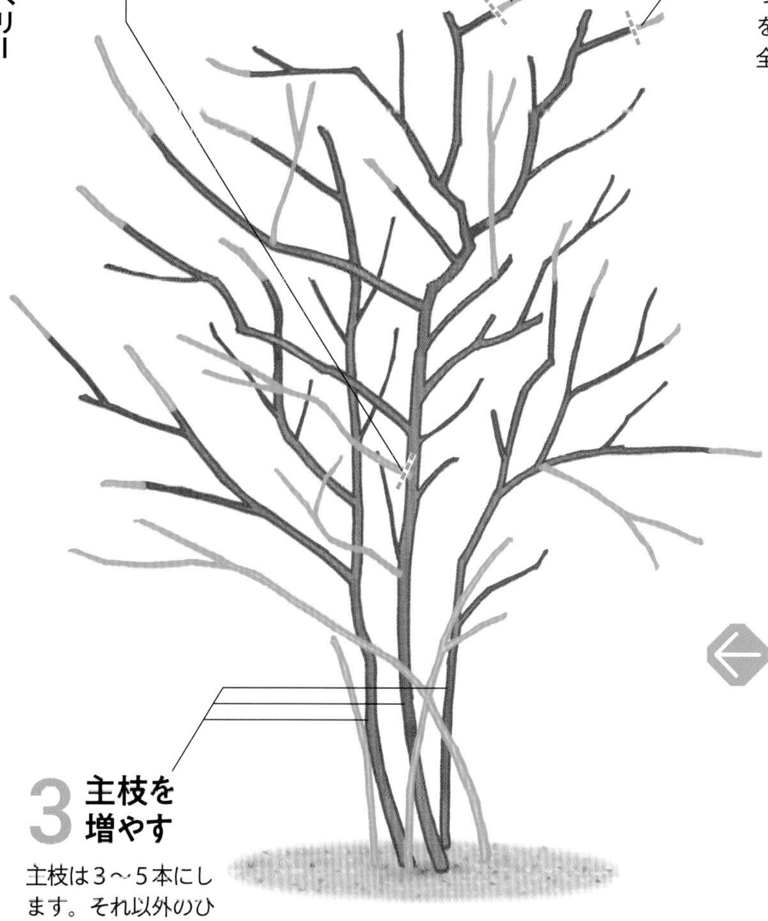

2年目の剪定

枝を増やす

花芽を落とすと、下の葉芽からは元気な新しい枝が出てきます。これを育てると2年目には枝先に花芽ができるので、これを1年目と同様に切り落とし、新しい枝を出させます。

3年目の剪定

株を充実させる

まだ花芽を減らすように枝先の剪定をします。主枝は3～5本に増やして、株を充実させます。

1 花芽を減らす

1～2年目に切った後、新しく伸びた枝の先に花芽がついているので、花芽の数を減らすように、枝先を株全体で半分程度切ります。

2 横枝を整理する

新梢で出た横枝の中から内向きの枝や混み合った枝、胴吹きの枝などをつけ根から切り取り、樹冠の中に光が入るようにします。

3 主枝を増やす

主枝は3～5本にします。それ以外のひこばえは地際から切り取って、養分や水分が主枝にいくようにします。新梢は上から3分の1程度の位置の外芽（➡P16）で切り、新しい枝を出させます。

夏
剪定
7~9月
（下旬）（上旬）

4年目以降の剪定

1 樹形を整える

枝先は花芽があるので切らないようにし、徒長枝や内向き の枝、絡み枝などをつけ根から切り取って、樹冠内に光や風が入るようにします。

2 長めの枝を摘心する

樹形を乱すように長く飛び出した枝は20㎝程度切り取って芯を止め、果実がつきやすい新梢を出やすくします。

3 ひこばえを切る

ひこばえを放置しておくと、養分や水分がうばわれて主枝の生長や果実の実のりに影響が出てきます。気づきしだい切り取ります。

4 果実のついた枝を切る

収穫後は、果実のついた枝を横枝がついている上で切り取り、次の花芽をつきやすくします。

冬 剪定 12～2月

4年目以降の剪定

1 不要枝を間引く

枝先を切ると実がならないのでなるべく切らずに残し、樹冠内で内側に伸びる枝や徒長枝、絡み枝などを切って、光や風が内部に届くようにします。

2 長めの枝を摘心する

長く飛び出して樹形を乱す徒長枝は実がつかないので、20㎝ほど切りつめて、果実がつきやすい新梢が出るようにします。

3 古枝を更新する

4～5年果実を収穫した古い枝は地際から切り取り、順次、新梢を育てて株を更新します。

4 ひこばえを整理する

ひこばえが出やすいので地際から切り取ります。株全体の状態を考えて、古い枝を更新したいときはひこばえを新梢として育てますが、そのときは、上から3分の1程度で切り落とします。

完成
絡み枝や
不要枝がなく、
樹冠内部に光や風が入る
枝先に
実がたくさん
ついている

カエデ（モミジ）

紅葉を愛でる庭木の代表格ですが、さわやかな新緑やユニークな花も楽しめます。

基本データ

科　属　ムクロジ科カエデ属
タイプ　落葉広葉樹
樹　形　幹立ち
樹　高　1〜10m

剪定カレンダー

月		
1		
2		
3		
4	開花	
5	開花	剪定
6		剪定
7		剪定
8		
9		
10	紅葉	
11	紅葉	剪定
12	紅葉	剪定

(月)

剪定のポイント

◆「早寝早起き」の木といわれ早く休眠から覚めるので年内に剪定する。
◆細い枝を残し太い枝を切って、全体にやわらかい樹形にする。
◆若木のころは徒長枝や立ち枝、交差枝を切り、木の骨格をつくる。

※非常に多くの種類があるが、ほとんどはイロハモミジとオオモミジとその園芸品種。

冬 剪定 11〜12月

若木の剪定

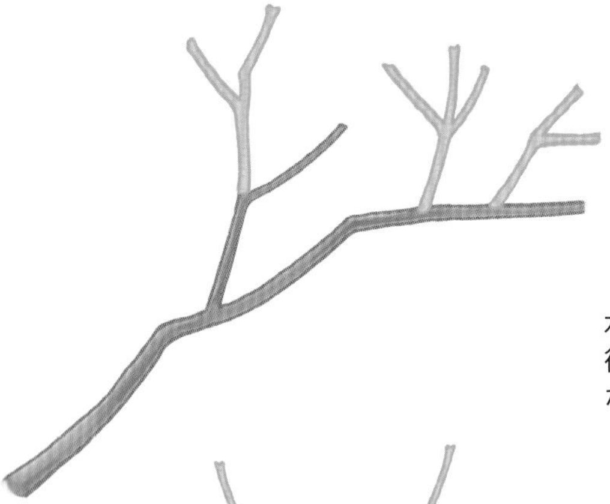

1 木の骨格をつくる

水平に伸びる枝を残し、徒長枝や立ち枝、交差枝などを切っていきます。

2 対生枝を交互に切る

細い枝を切るときも途中から切らないで、つけ根から切ります。カエデ類は枝や葉が一カ所から左右につく対生の性質です。左右の枝を互い違いに切っていくと枝の混みすぎを防ぎ、きれいなラインになります。

3 太い枝を切る

上に向かって伸びている直径2〜5㎝程度の太い枝はつけ根から切り取り、切り口には保護剤を塗っておきます。

花芽のつき方

今年伸びた枝の先の葉の脇につき、翌年の春に咲きます。写真はイロハモミジの花です。

成木の剪定

1 強く飛び出した枝を切る

木の上部は枝が勢いよく伸びるので、小枝の出ている位置まで切り戻します。

2 不要枝を切る

枯れ枝、絡み枝、重なった枝などの不要枝（➡P25）はつけ根から切ります。

4 対で出ている枝を切る

対で出ている枝は、バランスを見て、どちらか一方をつけ根から切り取ります。

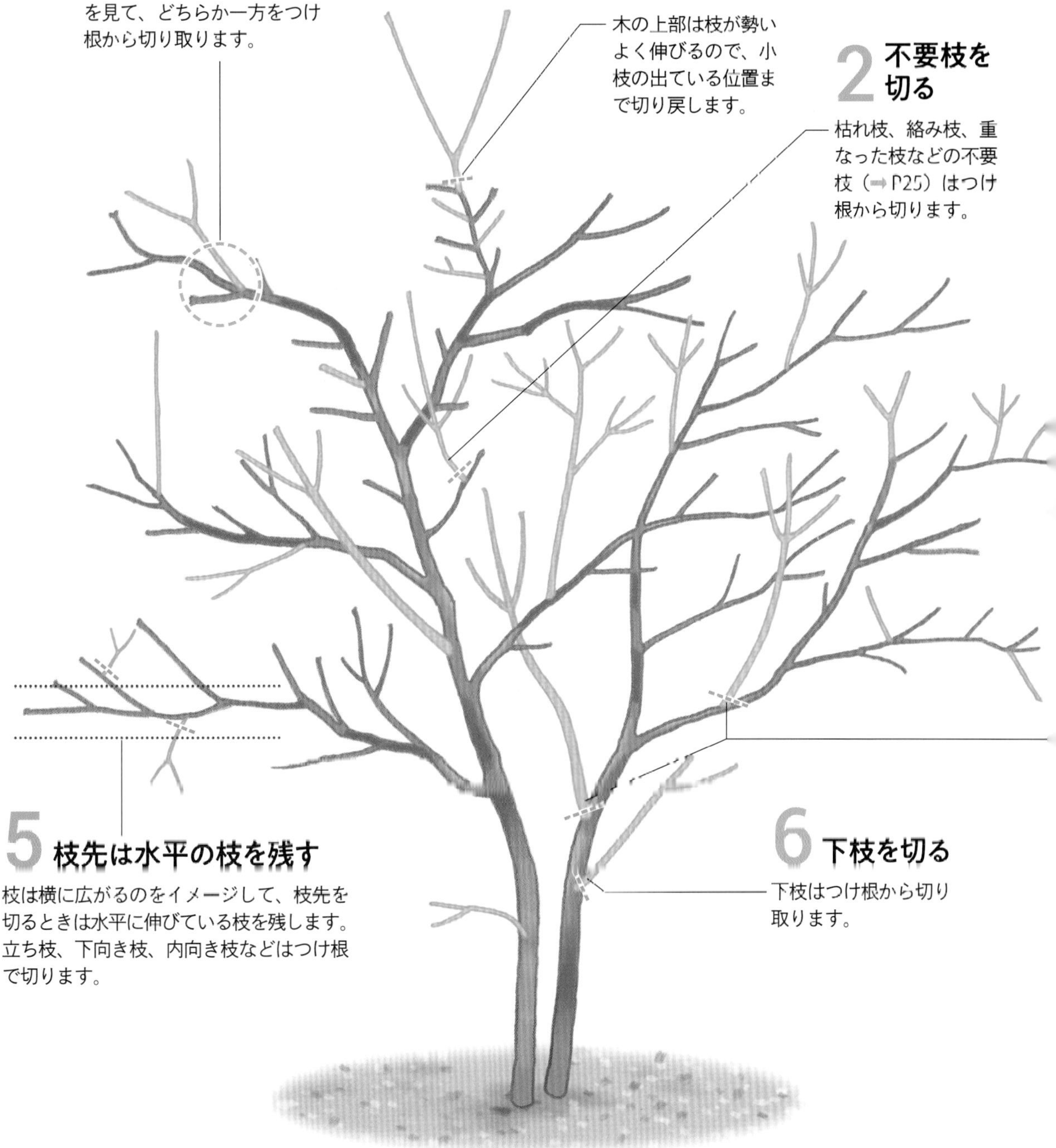

5 枝先は水平の枝を残す

枝は横に広がるのをイメージして、枝先を切るときは水平に伸びている枝を残します。立ち枝、下向き枝、内向き枝などはつけ根で切ります。

6 下枝を切る

下枝はつけ根から切り取ります。

夏
剪定
5~7月
（中旬）

1 徒長枝を切る

樹冠から飛び出している徒長枝はつけ根から切り取ります。

2 混み合っている枝を整理する

枝が混み合っている部分は間引くように整理します。細い枝を残し、太いほうの枝を切るようにします。

3 枯れ枝を取り除く

葉がついていない枝、枯れ枝を切り取ります。枯れた枝は色が茶色に変わっているので見分けがつきます。

4 下枝を切る

下枝はつけ根から切り取ります。

特別な剪定のしかた

小枝を折る

小枝は手でも折れるので、手で折り取ってもかまいません。残った部分はつけ根の辺りで自然に枯れ落ちます。

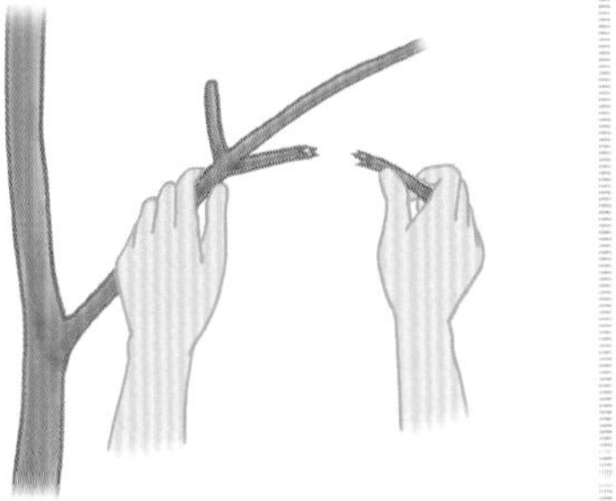

切り口を斜めに切る

剪定では、切り口が真っ平らになるように切るのが一般的ですが、見た目の美しさを保つために斜めに切ることがあります。特に玄関先の木など、切り口を目立たせたくないときは、切り口が表側から見えないようにします。

通常は切り口がまっすぐになるように切る。

見栄えをよくする場合は切り口が表から見えないように斜めに切る。

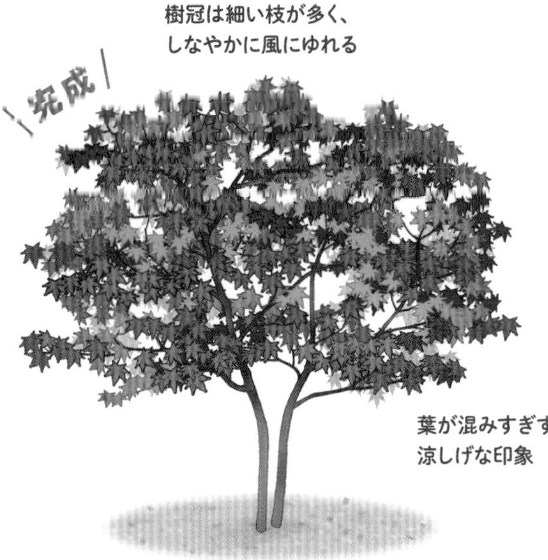
樹冠は細い枝が多く、
しなやかに風にゆれる
完成
葉が混みすぎず、
涼しげな印象

5 太い枝は切らない

切り口から病気になりやすいので、夏は太い枝は切りません。

クロモジ（アオモジ）

秋には黄葉しますが、春にも黄色の小さな花を咲かせます。雑木の庭に人気の樹木です。

冬 剪定 11〜2月

2 枝を間引く

樹冠の中で枝が重なっているところや細い枝などを枝元から切り取り、樹冠の中に光が入るようにします。ただし、切りすぎると寂しくなるので、不要なものだけ切るようにします。

1 花芽を残す

春にはさわやかな黄緑色の花が房状にかたまって咲きます。枝先にある花芽はなるべく残るように、枝先は切らないでおきます。

5 主幹を詰める

大きくなりすぎた木は、主幹を好みの高さで切り取り、主枝も3〜4本残して切り落とします。主幹や主枝を切るときは、枝分かれしている部分で切ると、枝になめらかなラインができてきます。

花芽のつき方

今年伸びた枝の先の葉腋に10月ごろできて、翌春、葉が開くころに咲きます。中央のとがっているのが葉芽で、横の丸みのあるものが花芽です。

基本データ

- 科　属　クスノキ科クロモジ属
- タイプ　落葉広葉樹
- 樹　形　幹立ち
- 樹　高　3〜6m

剪定のポイント

◆自然に樹形が整うので古枝やひこばえなどを取り除く程度にする。
◆伸びすぎた枝や徒長枝を樹冠に収まるようにつけ根で切る。
◆重なり枝や細枝を枝のつけ根から切り取り、間引く。

※同じクスノキ科のアオモジも同じように剪定できる。

剪定カレンダー

(月)	剪定	開花・紅葉
1	剪定	
2		
3	剪定	
4		開花
5	剪定	
6		
7		
8		
9		
10		紅葉
11	剪定	
12		

春 剪定
3月～4月
（下旬）（上旬）

夏 剪定
5～6月
（中旬）

1 樹形を整える

樹形から大きく飛び出す枝はつけ根から切り取り、樹形を整えます。自然の枝ぶりが魅力なので、あまり整然とさせすぎないようにしましょう。

2 混み合う枝を切る

内部で絡んでいる枝や混み合っている枝はつけ根から切って、内部まで風や光が通るようにします。

3 ひこばえを切る

株元にひこばえがたくさん出たときは、次の幹に育てる２～３本だけを残して地際から切り取ります。

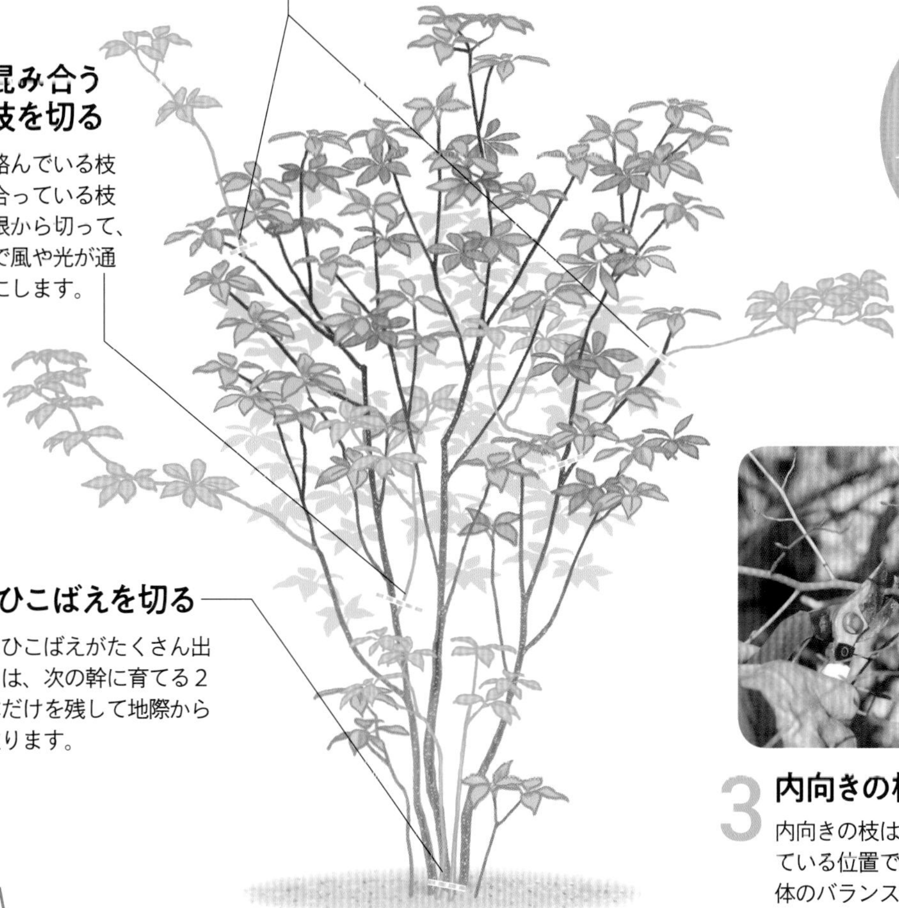

3 内向きの枝を切る

内向きの枝は、枝分かれしている位置で切ります。全体のバランスを見て、寂しくならないように、樹冠に光が入る程度に切ります。

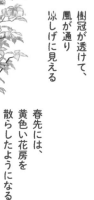

4 古い幹を更新する

基本的にひこばえは切り取りますが、上部が枯れたような古い幹があれば地際から切り取り、ひこばえを残して幹を更新します。主幹は３～５本程度にします。

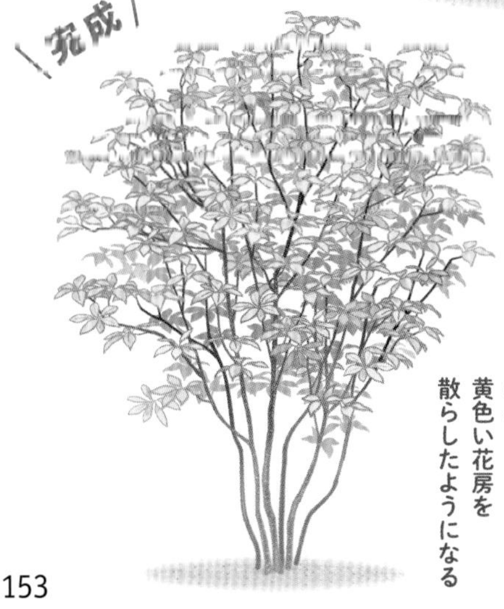
完成
樹冠が透けて、風が通り涼しげに見える
春先には、黄色い花房を散らしたようになる

コナラ

雑木林を代表するどんぐりのなる木です。
生長が早く大木になります。

冬
剪定
10～4月（上旬）

1 コンパクトに保つ

主幹は放置すると高くなりすぎるので、数年に一度２ｍ程度の高さに切りつめて、代わりにひこばえから育てた新しい幹に入れ替えます。新しい幹も作業しやすい高さで幹を切り落とし、芯を止めて、コンパクトに収めます。

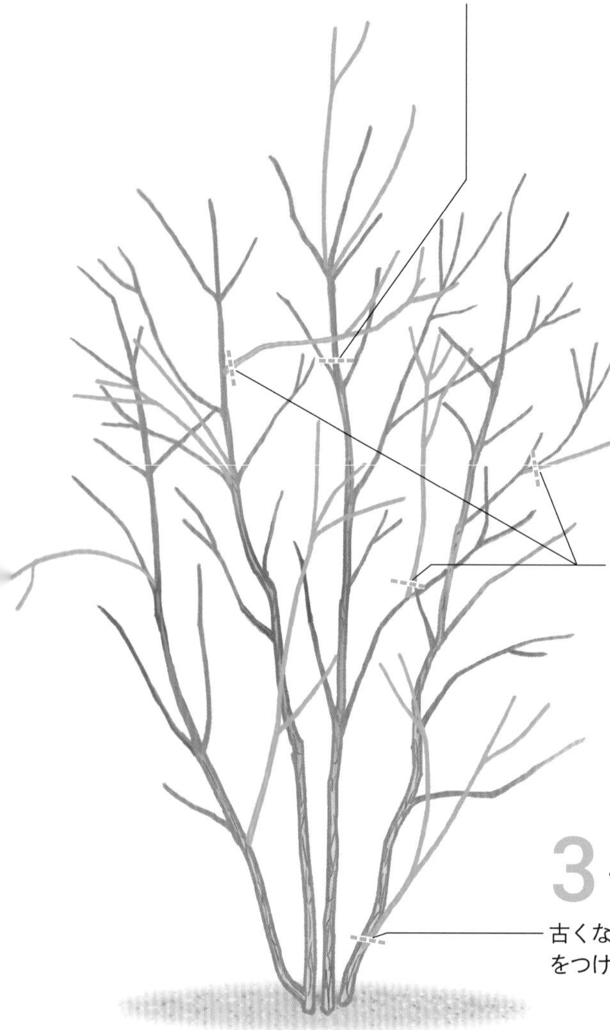

2 徒長枝を切り取る

丈夫に勢いよく伸び出た徒長枝は、幹のつけ根で切り取ります。樹冠の中に張り出した徒長枝や胴吹き枝もつけ根から切り取ります。

3 下枝を切る

古くなって太くなった下枝をつけ根で切り取ります。

4 横に長く伸びる枝を切る

横に伸び広がる枝を２分の１程度の長さに切りつめます。

花芽のつき方

花芽は、新しく伸びた枝の先のほうにある葉のつけ根にできます。

基本データ

科　属　ブナ科コナラ属
タイプ　落葉広葉樹
樹　形　幹立ち
樹　高　3～8m

剪定カレンダー

(月)	剪定	開花・紅葉
1	剪定	
2	剪定	
3	剪定	
4	剪定（上旬）	開花
5	剪定	開花
6	剪定	
7	剪定	
8	剪定	
9	剪定	
10	剪定	
11	剪定	紅葉
12	剪定	紅葉

剪定のポイント

◆生長が早いので、半日陰に植えて年２回剪定し、生長を抑える。
◆勢いのよい胴吹き枝はつけ根から切り、枝も全体の半分程度切る。
◆数年に１度は、低く切り戻して主幹を入れ替える。

※どんぐりを落とすので処分が大変な場合は、秋に枝先を切ってどんぐりを減らす。

夏 剪定
5～9月（中旬）

1 勢いのよい枝を切る

横に直線的に伸びる勢いのよい枝をつけ根から切り取ります。あるいは、途中の細い枝との分かれ目で切って、細い枝に切り替えてもかまいません。

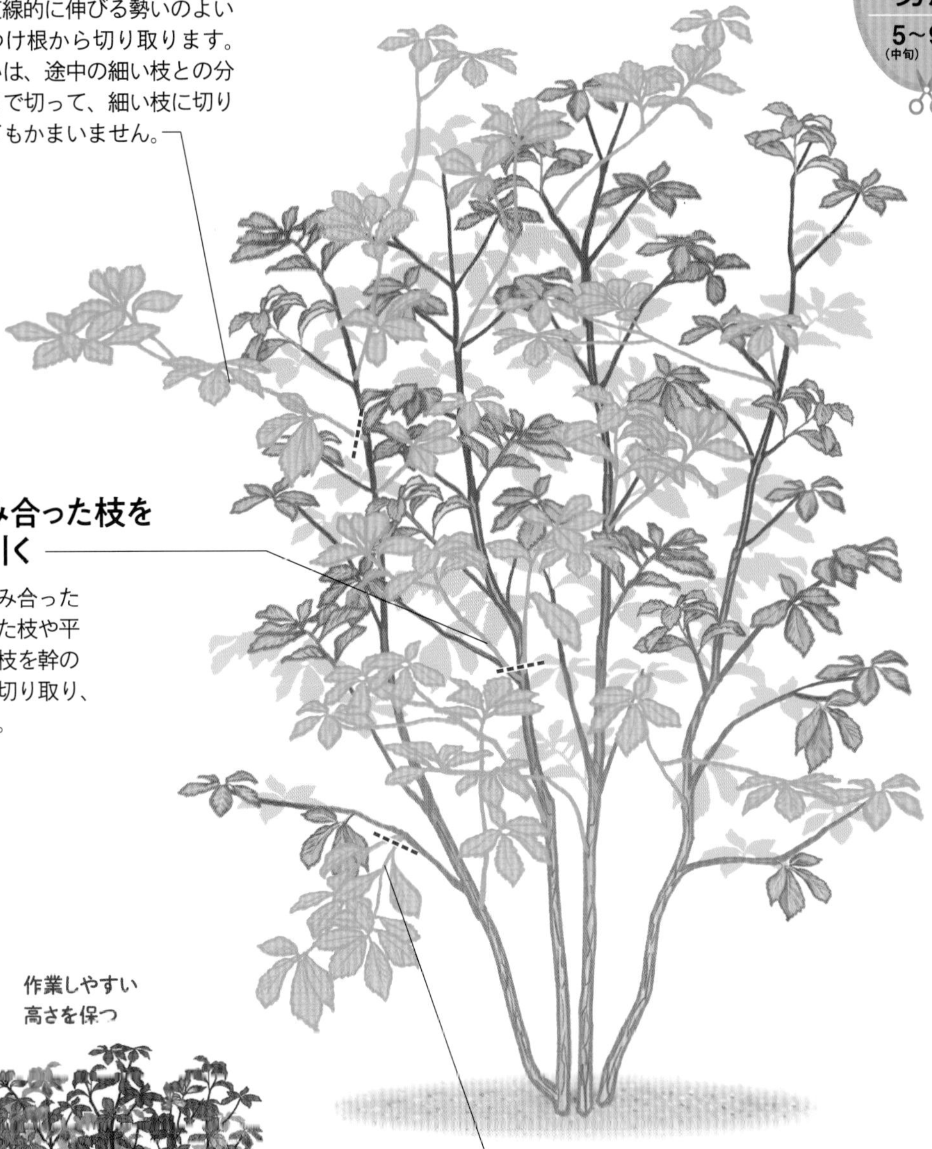

2 混み合った枝を間引く

樹冠内で混み合った枝、交差した枝や平行に伸びる枝を幹のつけ根から切り取り、間引きます。

3 下向きの枝を切る

下向きの枝は樹形が乱れるのでつけ根から切り落とします。

完成
作業しやすい
高さを保つ
幹が透けて見えるほど
枝葉の数を抑える

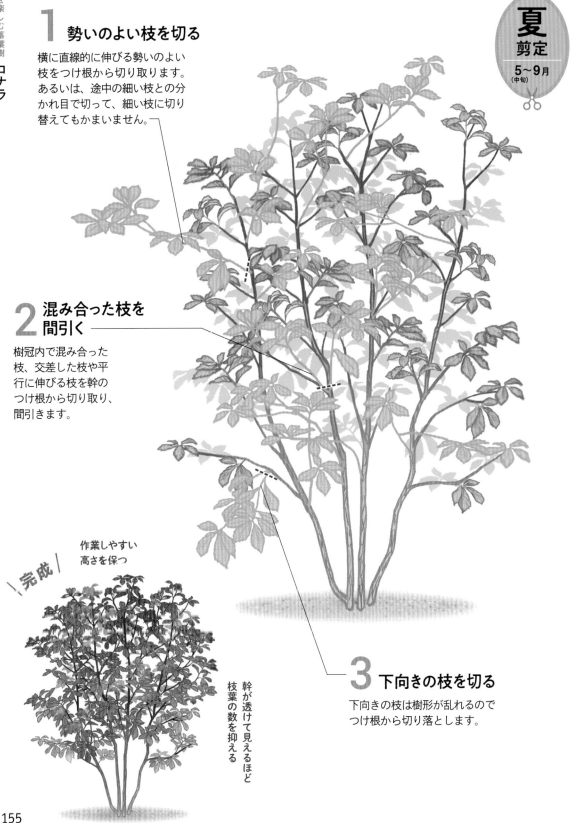

ニシキギ

羽がついたような枝が特徴的な低木。世界三大紅葉樹のひとつです。

基本データ

- 科　属　ニシキギ科ニシキギ属
- タイプ　落葉広葉樹
- 樹　形　株立ち性
- 樹　高　1～3m

剪定カレンダー

月	生育	作業
1		剪定
2		剪定
3		
4		
5	開花	剪定
6	開花	剪定
7	花芽	
8		
9		
10	紅葉	
11	紅葉	
12		剪定

(月)

剪定のポイント

◆内部が混んできたら小枝を整理し、日当たりと風通しをよくする。
◆不要な枝は、枝分かれしているところで切る。
◆地際から出たひこばえや、長く飛び出した枝も切り取る。

※萌芽力が強いので刈り込みにも耐え、生け垣や玉つくりに仕立てることもできる。

夏剪定 5～6月(中旬)

1 樹冠を整える

樹冠から長く飛び出している枝は、枝のつけ根で切り取り、樹形を整えます。

2 混み合った枝を間引く

枝が混み合って風通しや日当たりが悪くなっている部分は、古い枝を選んで切り取ります。

3 ひこばえを切る

ひこばえは地際から切り取ります。下向きに伸びる枝もつけ根で切ります。

花芽のつき方

春新しく伸びた枝の最初の1～4節に1cmほどの小さい葉をつけ、その上に普通の葉がつきます。最初の1～4節の小さい葉は早く落ちて、落ちたあとの葉のつけ根に花芽がつきます。

冬
剪定
12～2月

1 自然な形に見えるように切る

長く伸びすぎて樹冠から飛び出した枝は、中央の枝を切ると枝先が自然な形に整ってきます。

2 混み合った太い枝を切る

最初に、交差した枝や内向きに出ているふところ枝など不要な太い枝を、枝分かれしているつけ根で切ります。枝の途中できると、切り口からたくさんの枝が出てきて、樹冠が混み合い風通しが悪くなり、病害虫が発生しやすくなります。

OK

枝を切るときはつけ根で切ります。

NG

節と節のあいだで切ると、枝が枯れ込みやすくなります。

3 対生の枝は交互に切る

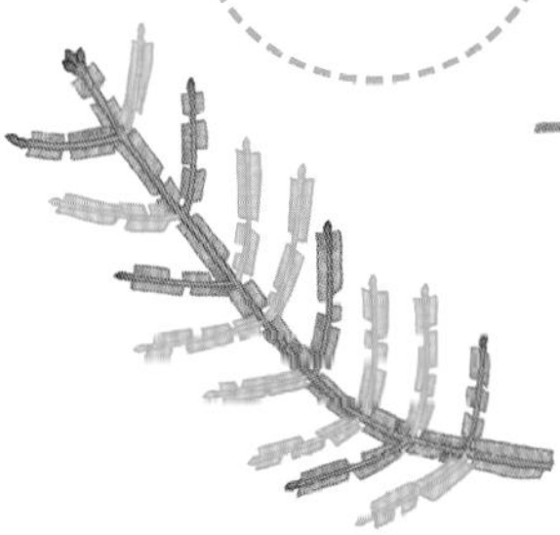

枝は1カ所から2本ずつ出る（対生）ので、小枝を互い違いに切ります。

4 主幹は数年で更新

ひこばえは出たら小まめに切り取りますが、数年ごとに古い主幹を切って、姿のよいひこばえを伸ばし、木を更新します。

＼完成／

枝先が自然に流れているような形に切られている

内部の枝が整理されて、日当たり・風通しがよい

アオキ

雌雄異株で、赤い実がつくのは雌株です。斑入り種も多くヨーロッパでも人気です。

基本データ

科属　アオキ科アオキ属
タイプ　常緑広葉樹
樹形　株立ち性
樹高　1～3m

剪定カレンダー

月		
1	実	
2		
3		
4	開花	
5		剪定
6		
7	花芽	
8		
9		
10		
11	実	
12		

(月)

剪定のポイント

◆混みすぎている枝は互い違いに切るとすっきり見える。
◆古い枝や不要なひこばえは根元から切り取る。
◆大きくなりすぎた株は、任意の高さの節の上で切り戻し仕立て直す。
※若木は樹冠からはみ出した枝をつけ根から切る程度にして、自然に仕立てる。

夏
剪定
5～6月
(中旬)

1 不要枝を切り取る

徒長枝や古い枝はつけ根や地際で切り取り、樹冠内部の日当たりや風通しをよくします。

2 大きくなりすぎたら切り戻す

果実は枝の先端につくので放っておくと年々果実の位置が高くなります。大きく育ちすぎた株は、任意の高さの節の上で切り戻すと、新しい枝が出てきます。

3 斑入り種の青葉は枝ごと切り取る

斑入りの品種で、斑が入らず葉が緑だけになってしまった場合は、枝のつけ根から枝ごと切り取ります。

花芽のつき方

雌株の春に伸びた枝の先端に、7～8月上旬ごろに花芽ができます。翌年の春に花が咲きます。

4 混み合う枝は交互に切る

枝は1カ所から2本ずつ出る（対生）ので、枝数が多いときは互い違いになるように切ります。

5 ひこばえを切る

不要なひこばえはつけ根から切り取ります。株立ちの幹が古くなってきた場合は地際で切り取り、ひこばえをそのまま育てて更新させます。

ほどよい高さに仕立てて
赤い実が楽しめる

まんじゅう形に
丸く整った樹形

イヌツゲ

刈り込みに強く、生け垣や玉仕立て、円筒形に仕立てたものをよく見かけます。

基本データ

科　属　モチノキ科モチノキ属
タイプ　常緑広葉樹
樹　形　幹立ち性
樹　高　2~6m

剪定カレンダー

月	剪定	開花
1		
2	剪定	
3	剪定	
4	剪定（上旬まで）	
5	剪定（中旬から）	
6	剪定	開花
7	剪定	開花
8		
9	剪定	
10	剪定	
11	剪定	
12		

（月）

剪定のポイント

◆生け垣や玉仕立ての場合は、年に2~3回剪定を行う。
◆ひこばえや徒長枝、不要枝をつけ根から切り取って整理する。
◆枯れ枝や内向きの枝を取り除き、内部まで光が入るようにする。

※雌雄異株で、雄花の咲く雄株と雌花の咲く雌株がないと実はつかない。

春 剪定
2~4月(上旬)

夏 剪定
5(中旬)~7月
9~11月

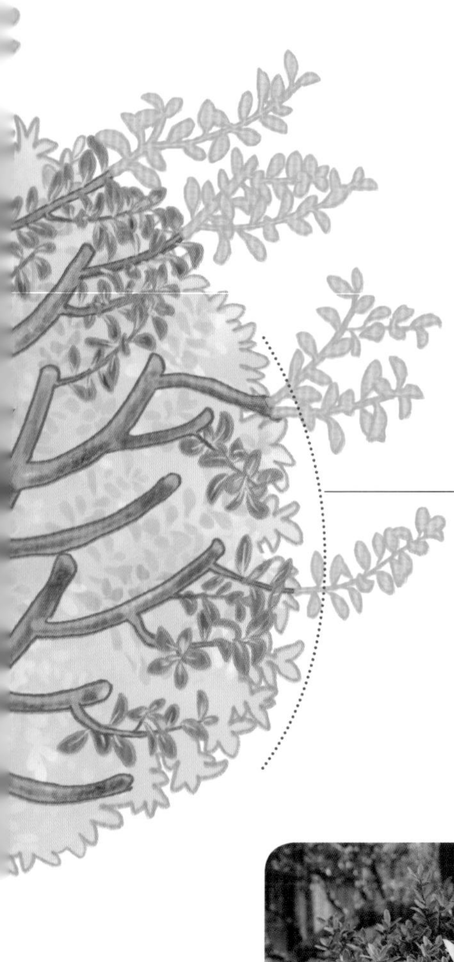

4 刈り込みバサミで樹形を整える

放っておくとよく枝分かれして樹形が乱れるので、年に2~3回、刈り込みをして形を整えます。刈り込みには耐えますが、葉のないところまで深く切ると木が枯れることがあります。

1 飛び取りをする

刈り込み剪定の場合は、まず、樹冠から飛び出した枝を樹冠内部の深い位置で切り取っておきます。横に飛び出した徒長枝も樹冠内のつけ根で切り取ります。これを「飛び取り」といいます。飛び取りをしないまま刈り込むと、太い切り口が表面に見えて、きれいな仕上がりになりません。

2 樹冠内部の不要枝を切る

樹冠の内部にあるふところ枝や交差した枝、枯れ枝などを切り取って、光が差しこむようにします。

3 胴吹き枝やひこばえを切る

幹から直接でている胴吹き枝やひこばえを切り取ります。仕立てものの場合には将来の枝をつくる目的で、あえて残すこともあります。

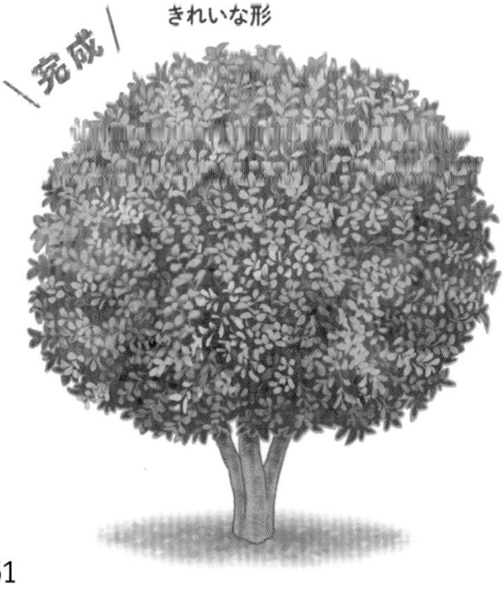
完成
飛び出した枝がなく
きれいな形
枯れ込んだり、
枝がかけたりしている
部分がない

オリーブ

2種類以上の品種を一緒に植えないと、基本的には実はなりません。

基本データ

科　属	モクセイ科オリーブ属
タイプ	常緑広葉樹
樹　形	幹立ち性
樹　高	6〜10m

剪定カレンダー

1	剪定	
2		
3		
4		
5		
6	剪定	開花
7		花芽
8		
9		
10		果実
11		
12		

(月)

剪定のポイント

◆萌芽力が強く、太い枝を切っても新しい枝が出やすい。
◆枝が密生するので、透かし剪定で内部に光や風が入るようにする。
◆刈り込んで生け垣に仕立てることもできる。

※オリーブは根が浅く強風で倒れやすいので、なるべく高さを抑えるように仕立てる。

通年剪定
4月中旬〜5月中旬以外

1 徒長枝を切る

樹冠から強く飛び出す徒長枝はつけ根から切ります。

2 不要枝を切る

交差する枝や絡み枝、下がり枝、枯れ枝、小枝などの不要枝をつけ根から切って整理し、樹冠内部に光や風が入るようにしましょう。

つぼみのつき方

つぼみは新しい枝の成長とともに3月下旬〜5月に葉の脇につくられます。その年の6月に房状になって咲きます。

4 混み合った部分は枝を間引く

細かい枝が出やすく密生しやすいので、１カ所から複数の枝が出て混み合っている場合は、長く伸びた枝をつけ根で切って間引きます。

3 ひこばえを切る

ひこばえを放置すると、養分や水分がうばわれやすいので、ひこばえが出ていれば、つけ根から切り取ります。

完成
飛び出した枝がなく、整った樹形
枝が混み合った部分がなく光が入る

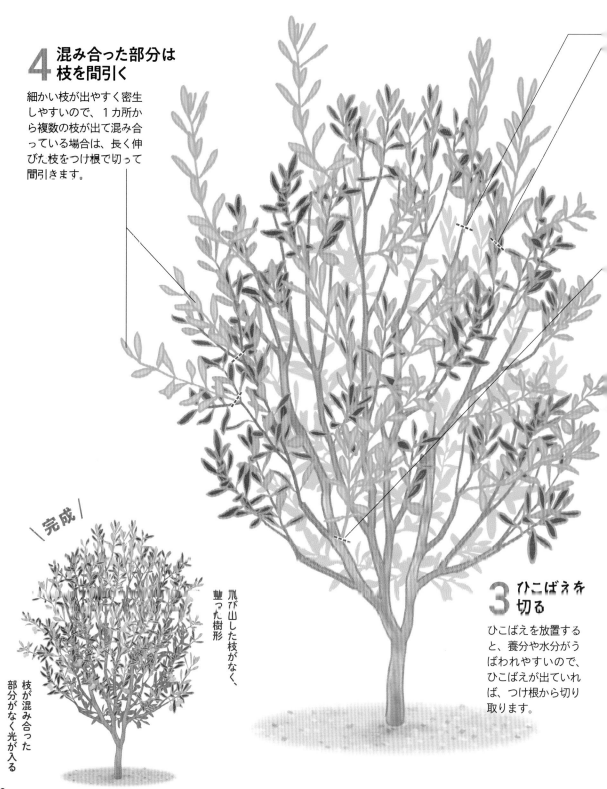

カクレミノ

幼木の葉は深い切れ込みがありますが、成木になると浅くなります。

基本データ

科　属　ウコギ科カクレミノ属
タイプ　常緑広葉樹
樹　形　幹立ち性、株立ち性
樹　高　5〜7m

剪定カレンダー

(月)	
1	
2	剪定（下旬〜）
3	剪定
4	剪定（〜中旬）
5	剪定
6	剪定、開花
7	剪定、開花
8	剪定
9	剪定、花芽
10	剪定、花芽
11	剪定
12	剪定

剪定のポイント

◆放任すると背が高くなりすぎるので、立ち枝を切って高さを詰める。
◆枝を切るときは、外芽の葉の上で切って新しい枝数を増やす。
◆株立ちの場合は、ひこばえを根元から切って主幹の数を制限する。
※枝先に葉が集まる性質が強く、太い枝を切りすぎると新芽が出ず枯れることも。

春 剪定 2〜4月（下旬）（中旬）

夏 剪定 5〜9月（中旬）

冬 剪定 10〜12月

1 高さを詰める

高くなりすぎたものは、主幹を枝の分かれ目で切り戻して高さをつめます。

2 ふところ枝を切る

樹冠の内側に向かって伸びているふところ枝を切り取り、透かします。

花芽のつき方

今年伸びた枝先に花芽をつけます。そこから花柄がのび、扇型の散形花序となって小花をたくさんつけます。

3 枝を更新する

生長が遅く、下葉が枯れやすい性質があります。枝を切るときは、外芽の葉の上で枝を切って、新しい枝を増やします。こうすることで、古い下葉が枯れても新しい枝に葉がつきます。

4 主幹を間引く

株立ちに仕立てた場合は、ひこばえを切り取り、主幹も2～5本残して間引き、全体に光が入るようにします。

完成

主幹を切りつめて、高くなりすぎないように仕立てる
混み合った部分がなく光が入る

カナメモチ

赤い葉が鮮やかなベニカナメモチなどもあり、生垣によく使われています。

基本データ

科　属　バラ科カナメモチ属
タイプ　常緑広葉樹
樹　形　幹立ち性、株立ち性
樹　高　3〜4m

剪定カレンダー

月	開花・花芽	剪定
1		
2		
3		剪定
4	開花	
5		剪定
6		
7	花芽	
8		
9		剪定
10		
11		
12		

(月)

剪定のポイント

◆新芽が赤から緑になるころに剪定すると、何度も新芽を楽しめる。
◆徒長枝は細い枝が出ている分かれ目で切って、枝の数を増やす。
◆生垣にしたカナメモチの刈り込み剪定は、「ごま色斑点病」の発生を防ぐため、刈り込みバサミではなく必ず剪定バサミで行う。

春
剪定
3〜4月
（下旬）（上旬）

夏
剪定
5〜6月
（中旬）
9〜10月
（中旬）（中旬）

2 内枝や下向きの枝を切る

木の内側や下に向かって伸びている枝を、つけ根のところで切り取ります。

花芽のつき方

新しく伸びた枝の先に花芽をつけます。そこから花柄がのび円錐花序となって小花をたくさんつけます。

1 徒長枝を切る

樹冠から飛び出した徒長枝は、樹冠内部の葉がついている上で切り取ります。

3 長い枝は小枝との分かれ目で切る

長く伸びた枝を途中で切ると、ふたたび長い枝が出やすくなります。長い枝より細かな枝を増やすために、途中ではなく小枝との分かれ目で切ります。小枝の枝先も切っておくと、さらに細かな枝が増えてきます。

4 太い枝を切って枝数を増やす

太い枝を切って、新しい枝を出させるようにすると、年に数回赤い新芽が楽しめます。

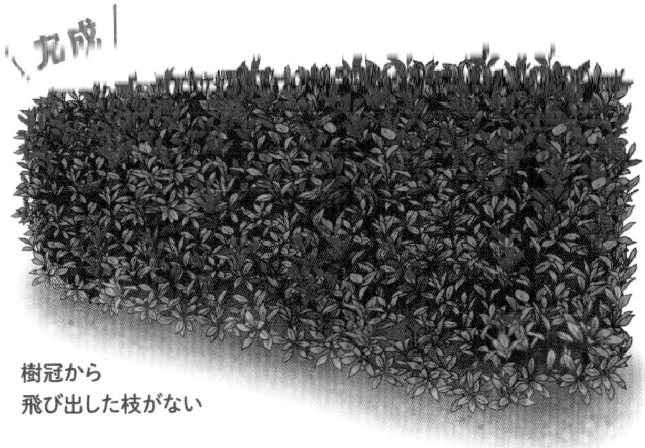
完成
樹冠から
飛び出した枝がない
生け垣は、葉が密に繋ってすき間がない

5 生け垣の刈り込みも剪定バサミで行う

カナメモチにはごま色斑点病という病気があり、刈り込みバサミや電動バリカンのような刃の粗い道具を使うと切り口が荒れて病気が出やすくなります。必ず剪定バサミを使って剪定します。

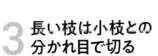

シマトネリコ

シンボルツリーとして人気のある庭木ですが、大きくなりすぎない管理が必要です。

基本データ

- 科　属　モクセイ科トネリコ属
- タイプ　常緑・半常緑広葉樹
- 樹　形　幹立ち性
- 樹　高　3〜10m

剪定カレンダー

(月)	剪定	開花・花芽
1		
2		
3	剪定（下旬〜）	
4	剪定（〜上旬）	
5	剪定（中旬〜）	開花
6	剪定	開花
7	剪定	花芽
8	剪定	花芽
9	剪定	花芽
10	剪定（〜中旬）	
11		
12		

剪定のポイント

- ◆放任すると10m以上に伸びるので、管理できる高さで芯を止める。
- ◆全体を大胆に間引いて、透かすよう仕上げるほうが美しい。
- ◆ひこばえが多く出るので、株立ちの枝を制限して管理する。

※生長が早いので、3〜8月の間なら年に2回剪定してもよい。

春剪定 3〜4月（下旬）（上旬）

夏剪定 5〜10月（中旬）（中旬）

1 徒長枝を切り落とす

上部に徒長枝が出やすいので、幹のつけ根で切り落とします。放置しておくと樹冠の上部に葉が集まり、下に枝や葉がなくなりやすくなります。

2 枝を間引く

混み合った部分や張り出して広がりすぎる枝は、枝の分かれ目で切り落とし、コンパクトに形を整えます。樹冠内部を透かすようにすると、涼しげな印象になります。

花芽のつき方　花芽は枝先に房状につきます。灰白色の果実も観賞価値があります。

3 古い枝を切り落とす

古くて太くなった枝は、幹のつけ根で切り取り、細い枝を伸ばすようにします。

4 主幹を止める

放任すると10ｍを超えるほど生長するので、３ｍ前後の管理できる高さで主幹を切り取り、側枝を増やすようにします。

完成
枝先に花や果実がバランスよくつく
古い枝や混み合った部分がなく、光が入る

シラカシ
（モッコク）

シラカシはカシ類の中でも、剪定によってコンパクトに保つことができる樹木です。

基本データ

科　属　ブナ科コナラ属
タイプ　常葉広葉樹
樹　形　幹立ち性
樹　高　5～20m

剪定カレンダー

月	剪定	開花・花芽
1	剪定	
2	剪定	
3	剪定	
4	剪定	
5	剪定	開花
6	剪定	開花
7	剪定	花芽
8	剪定	花芽
9	剪定	
10	剪定	
11	剪定	
12	剪定	

（月）

剪定のポイント

◆刈り込みに強く、スペースに合わせて強い剪定もできる。
◆枝が混み合うので間引き剪定をし、内部の枝枯れを防ぐ。
◆徒長枝が伸びやすいので、徒長枝や混み合った枝は切り取る。

※サカキ科モッコク属のモッコクも同じように剪定できる。

通年剪定
4月中旬～5月中旬以外

4 樹冠から飛び出した枝を切る

徒長枝のほか、横に伸びた枝も広がりすぎないように、バランスを見ながら枝分かれする位置で切り取ります。

花芽のつき方

雌花は新しい枝の葉の脇に3～4個が穂状につきます。
雄花は新しい枝の下部、または前年の枝の葉の脇に尾状につきます。

1 徒長枝を切る

樹冠から飛び出している枝を切り、樹高が高くなるのを防ぎます。

2 高さを保つ

スペースに合わせて高さを決め、主幹を切り取ります。

3 混み合った枝を整理する

１カ所から複数の枝が出ている場合は、バランスを見ながら間引き剪定をして風通しよくしてやります。

5 ひこばえを切る

株仕立ての場合は主幹の数を２～３本に制限し、ひこばえは地際から切り取ります。

完成
樹冠から飛び出した枝が切られ整理されている
スペースに合わせて一定の大きさを保たれている

ソヨゴ
（モチノキ）

ソヨゴは雌雄異株のため、雄株と雌株がないと赤い果実がつきません。

基本データ

科　属　モチノキ科モチノキ属
タイプ　常緑広葉樹
樹　形　幹立ち性
樹　高　3～7m

剪定カレンダー

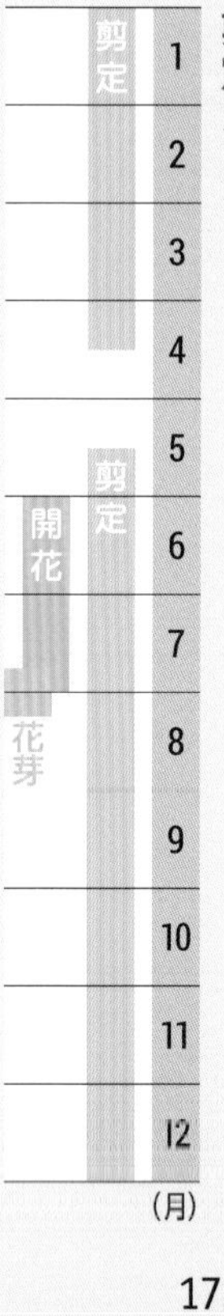

剪定のポイント

◆生長が遅く樹形が自然に整うので、強い剪定は必要ない。
◆管理しやすい高さで主幹の芯を止め、徒長枝を切り落とす。
◆胴吹き枝が出やすいので、混み合った部分の枝は整理する。
※同じ属のモチノキも同じように剪定できる。

通年剪定
4月中旬～5月中旬以外

1 徒長枝を切る

上に伸びあがった徒長枝を幹のつけ根で切り取ります。

2 横に張り出した枝を切る

横に強く張り出した枝を切り、広がりすぎないようにコンパクトにします。枝を切るときは、途中で切らずに細い枝との分かれ目で切り取ります。

NG
枝の途中で切ると枯れ込みやすくなります。

花芽のつき方　春から伸びた新しい枝の葉の脇に花芽ができます。

3 古い枝を切り更新する

古くて太くなった枝をつけ根から切り落とし、新しい枝を出させせるようにします。太めの枝を切るときは、枝のつけ根の下側のふくらみ（ブランチカラー）を残すように切ります。ふくらみまで切り落としてしまうと、切り口がふさがらずに枯れてしまうことがあります。

4 対に出ている枝を切る

枝は１カ所から２本が対になって出る対生です。混み合っている場合は片方を切り取りましょう。下向きの枝、極端に上向きの枝、樹冠の内側に向かっている枝を切り取ります。

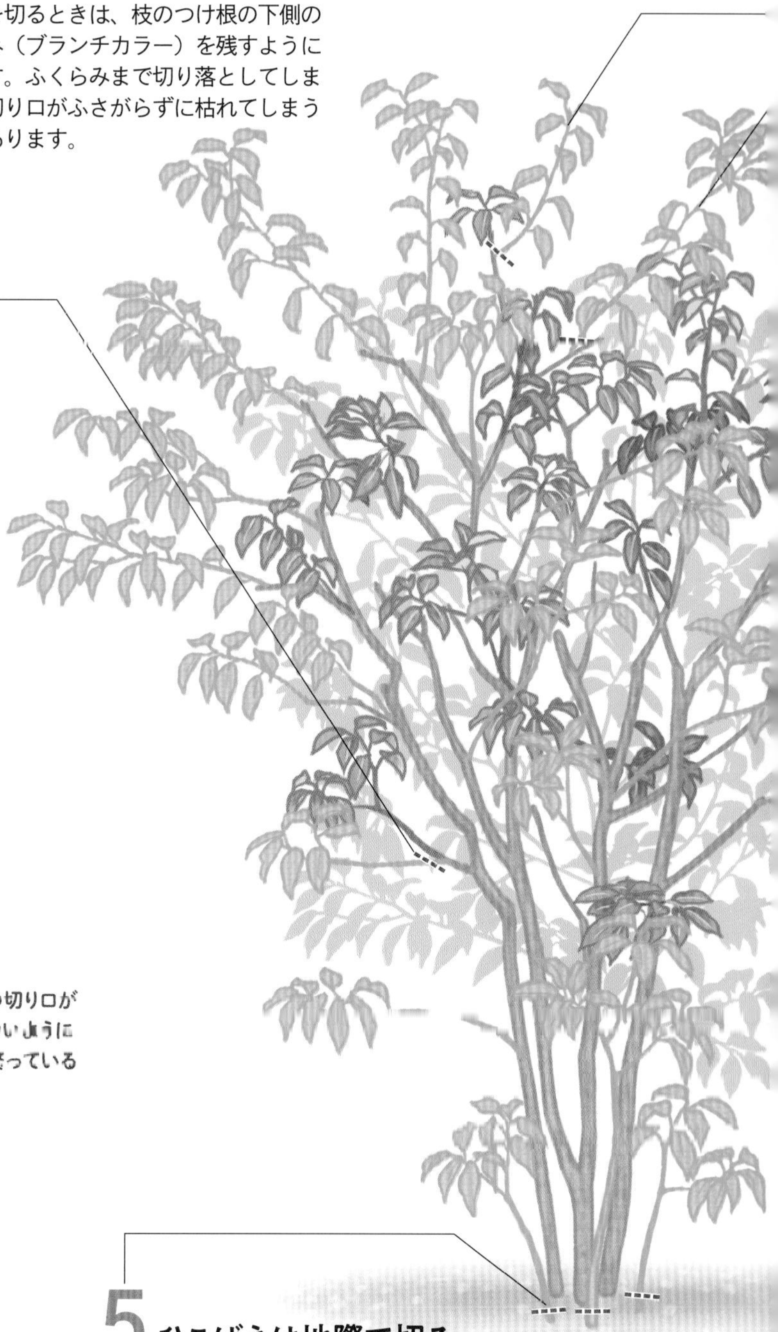

完成
剪定の切り口が
見えないように
葉が繁っている
混み合った部分がなく、
内部にも光が入る

5 ひこばえは地際で切る

株立ちの枝が増えすぎないように、ひこばえは切り取ります。主幹が古くなったら地際で切り、ひこばえを残して株を更新します。

ハイノキ

生育が遅くあまり手をかける必要がないため、限られたスペースの庭に向きます。

基本データ

科　属	ハイノキ科ハイノキ属
タイプ	常緑広葉樹
樹　形	株立ち性
樹　高	3～4m

剪定カレンダー

月	開花・花芽	剪定
1		
2		
3		剪定
4	開花	剪定
5	開花	剪定
6		剪定
7	花芽	剪定
8		剪定
9		剪定
10		剪定
11		
12		

(月)

剪定のポイント

◆生長が遅いので、ひんぱんに剪定する必要はない。
◆徒長枝や横に伸びて樹形を乱す枝を切り取る。
◆古く太くなった枝はつけ根で切り取り、新しい枝に更新する。

※枝を切りすぎないようにして、自然な樹形を楽しむ。

春 剪定
3～4月
(下旬)(上旬)

夏 剪定
5～10月
(中旬)

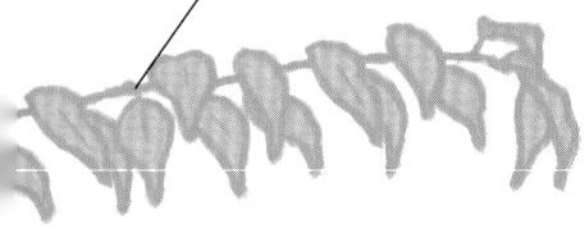

1 横に張り出した枝を切る

横に張り出して樹形を乱すような枝を切り取り、樹形をコンパクトに整えます。

2 古くなった枝を切り取る

古くなった太い枝があれば、つけ根から切り取って樹冠の内部に風が入るようにします。新しい枝が出てきて木が若返ります。

4 ひこばえを切る

ひこばえは基本的に地際から切り取ります。株が古くなってきたら、古い幹を地際で切り、ひこばえを幹に育てて株を更新します。

花芽のつき方

新しく伸びた枝の葉の脇に花芽ができます。花は5～10個が集まって咲きます。

3 徒長枝を切る

樹冠の上部で上に立ち上がる徒長枝をつけ根から切り取ります。

完成
繊細な幹や枝が楽しめる
枝にすき間があり、風や光が入る

マサキ

葉に白斑が入るギンマサキ、黄斑が入るキンマサキ、オウゴンマサキなどがあります。

基本データ

科　属　ニシキギ科ニシキギ属
タイプ　常緑広葉樹
樹　形　株立ち性
樹　高　1～6m

剪定カレンダー

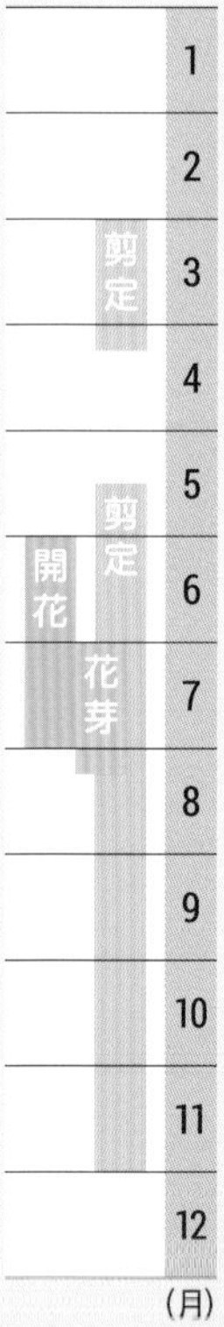

1
2
剪定
3
4
5
剪定
開花
6
花芽
7
8
9
10
11
12
(月)

剪定のポイント

◆枝のどこで切っても芽吹くので生け垣などにも向いている。
◆上部の枝を強く切り、下部の枝は弱く切るとバランスが取れる。
◆斑入り種が緑色の葉だけになったときは、枝ごと切り除く。

※仕立て直ししたい場合は、春に強く大胆に刈り込んで好みの形にする。

春 剪定 3～4月(上旬)

夏 剪定 5～11月(中旬)

1 芯となる枝を切る

株立ちの場合は、芯となる枝を決めて、好みの高さで切ります。

2 不要枝を切り取る

樹冠から飛び出した徒長枝、横に強く伸びる枝、内側に向かってのびるふところ枝などの不要枝（➡P25）をつけ根から切り取ります。

3 好みの形に刈り込む

上の枝から下の枝へ切り進んで、全体をバランスよく仕上げます。

花芽のつき方

3～4月に、枝の下の方の1～3節に花序ができます。花序ができてから2～3か月後に花が咲きます。

4 枝を間引く

枝は、１カ所から２本の枝が対になって出る対生です。混み合っている部分があれば交互に間引くように切って、内部まで光が入るようにします。

完成
上や横に飛び出した枝がない
生け垣の場合は、密に葉がついていてすき間がない

5 下枝やひこばえを切り取る

株立ちの枝数を制限し、不要なひこばえは地際から切り取ります。下枝もつけ根で切り取ります。

ユズリハ

新芽が出ると世代をゆずるように古い葉が落ちることから、縁起木とされています。

基本データ

科　属	ユズリハ科ユズリハ属
タイプ	常緑広葉樹
樹　形	幹立ち性
樹　高	3〜10m

剪定カレンダー

月	開花・花芽	剪定
1		
2		
3		剪定
4	開花	剪定
5	開花	剪定
6		剪定
7	花芽	剪定
8	花芽	剪定
9		剪定
10		剪定
11		剪定
12		剪定

(月)

剪定のポイント

◆剪定は徒長枝や混み合った枝を切る程度にする。

◆古い枝を切って葉の数を抑え、内部に風や光が入るようにする。

◆萌芽力が弱く、強い剪定をすると枯れることがあるので注意。

※黒い実をつけるが、食用はできない。

春 剪定
3〜4月
(中旬)(上旬)

夏 剪定
5〜12月
(中旬)(中旬)

4 3本に分かれた枝を切る

3本に分かれて伸びている枝は、枝が混み合うので中心の枝をつけ根で切り取ります。残した2本の枝も高さを決めて切りますが、このとき、必ず葉を数枚残して、葉の上で切ります。

花芽のつき方

雌雄異株または同株で、雄花の咲く雄株と雌花の咲く雌株があります。花芽は前の年に伸びた枝の葉の脇に数個がかたまってつきます。

枝の切り方

通常の切り方

枝を切るときは、葉の上近くで真っ直ぐに切るのが正しい方法です。

人目につく場所では

縁起のよい木として玄関先などに植えられることが多いので、人目につく場所では、切り口を斜めにして表から目立たなくすることもあります。

1 樹冠からはみ出す枝を切る

徒長枝や横に強く伸びる枝など、樹冠からはみ出す枝をつけ根で切ります。

2 ひこばえを切る

ひこばえは地際で切り、樹形を乱すような下枝もつけ根から切り落とします。

3 混み合った枝を切る

一カ所から数本の枝が出て混み合うことがあるので、勢いのある枝を切って透かし、風や光が入るようにします。

完成
葉が全体についているが
ほどよい数で、樹冠が軽い
幹や枝が整理されて
風や光が入る

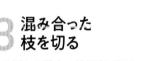

イトスギ属

モントレーイトスギ、アリゾナイトスギ、イタリアンサイプレスなどがあります。

基本データ

科　属　ヒノキ科イトスギ属（ホソイトスギ属）
タイプ　常緑針葉樹
樹　形　幹立ち性
樹　高　4～6m

剪定カレンダー

(月)	
1	剪定
2	
3	
4	
5	
6	剪定
7	
8	
9	
10	
11	
12	

剪定のポイント

◆ 生長が速いので、1年に1回は刈り込んで樹形を保つ。
◆ 新芽が伸び出す前に刈り込みバサミで剪定する。
◆ 1～2月に木の内部の古い葉を取り除き、葉の密生を避ける。

※クロベ属のニオイヒバ、クロベ属のコノテガシワも同じように剪定できる。

通年剪定
4月中旬～6月中旬以外

1 樹冠から出る枝を切る

自然にしていても円錐形の樹形にまとまりやすいですが、樹冠から飛び出す枝はつけ根から切り取ります。横に飛び出している枝を見つけたら、そのつど手で摘んでおくと、横に広がりすぎたり、樹冠内が枯れ込んだりするのを防げます。

3 内部の古い葉を取り除く

内部にある枯れ枝はつけ根で切っておきます。枯れ葉を手でもんで取り除いてもかまいません。

4 新芽が伸び出す前の剪定がベスト

新芽が伸び出す３月までなら刈り込みバサミを使って剪定しても問題ありません。新芽が伸びてくれば葉の切り口も目立たなくなります。気温が高い時期に刈り込みバサミで刈り込むと切り口が茶色く変色することがあります。

※イラストはモントレーイトスギの園芸品種「ゴールドクレスト」を例にしている。

2 高さを抑えるなら主幹を切る

高くなりすぎた場合や、高さを制限したい場合は、主幹の枝分かれしている部分で切って芯を止めます。イトスギの仲間は根が浅く、根の発達も悪いので、樹高を高くすると強風で倒れやすくなります。２mほどを目安に、低くコンパクトに育てるほうがよいでしょう。

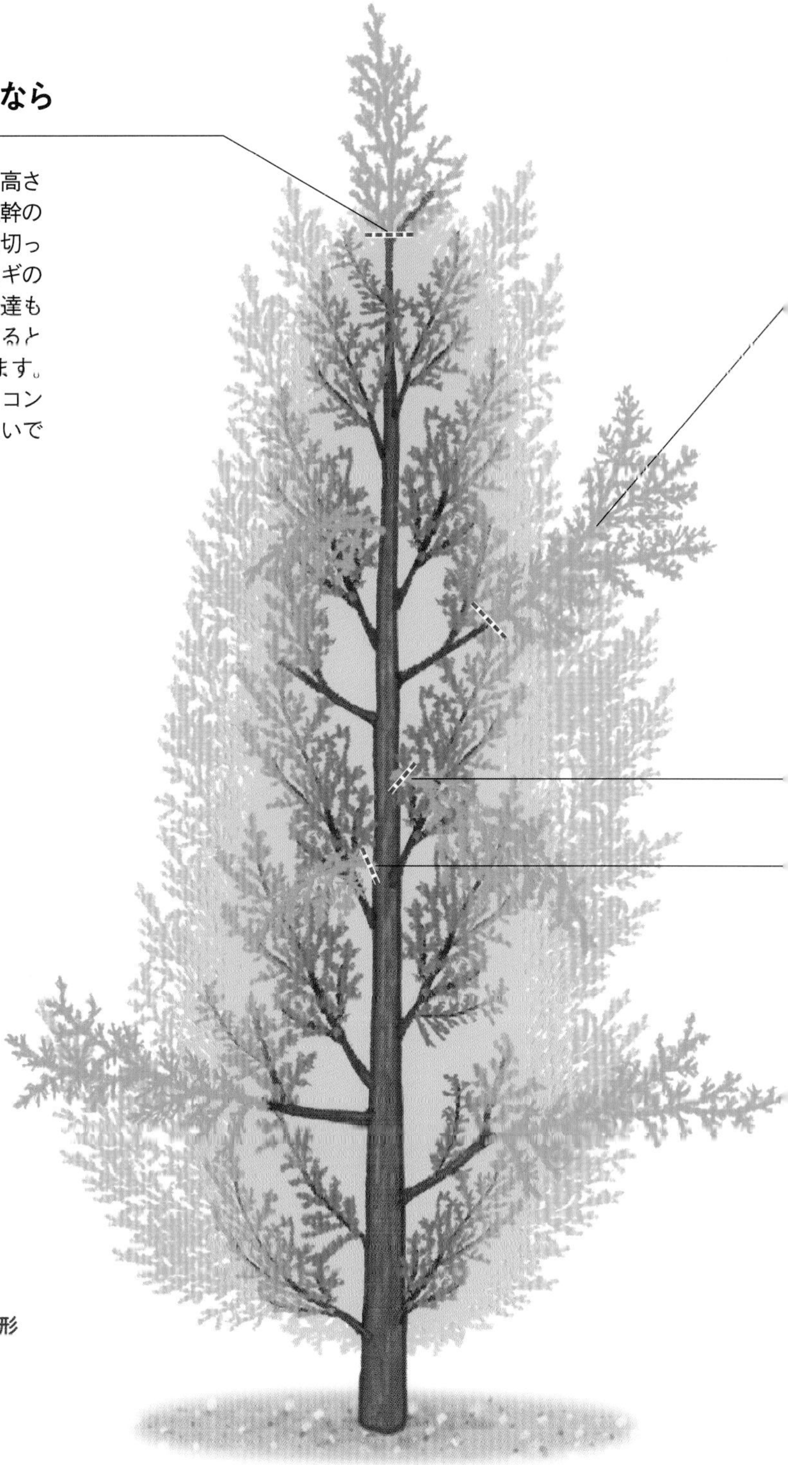

＼完成／

きれいな
円錐形の樹形

枯れた枝や
葉がない

カイヅカイブキ

日本のイブキの園芸品種で、和洋を問わずさまざまな庭で使われます。

基本データ

科　属　ヒノキ科ビャクシン属
タイプ　常緑針葉樹
樹　形　幹立ち性
樹　高　5〜8m

剪定カレンダー

(月)	
1	剪定
2	剪定
3	剪定
4	剪定 / 開花
5	剪定
6	剪定
7	剪定
8	剪定
9	剪定
10	剪定
11	剪定
12	剪定

剪定のポイント

◆刈り込むと枝が傷むので、伸びた枝葉は剪定バサミか手で摘み取る。
◆葉のないところから新しい枝葉は出ないので、葉を残して切る。
◆下向きに伸びる下がり枝はつけ根から切り取る。

※大きくなりすぎたものは、一気に切りつめず年々小さくしていく。

通年剪定
4月中旬〜5月中旬以外

1 樹冠からはみ出す枝を切る

全体の形をよく見て樹形を乱す伸びた枝を見極め、枝ごとに剪定バサミで切っていきます。枝は樹冠の内部のつけ根で切りましょう。

2 葉っぱを切らない

刈り込みバサミなどで一気に刈り込むと、葉が途中で切られます。葉が途中で切られると、枝が傷み、葉の切り口がいつまでも残って見苦しくなります。剪定バサミか手を使って、つけ根部分で摘み取る方法で行いましょう。

NG

3 針葉を摘み取る

カイヅカイブキの葉は細長く先端は丸みがあり触っても痛くありませんが、強く剪定しすぎると先端が尖った針葉を出すことがあります。針葉は見つけしだい枝ごとつけ根で切り取ります。

4 枯れ枝や下がり枝を切る

枝が混んでくると樹冠内部の葉が枯れてきます。枯れ枝や下がり枝はつけ根から切り取ります。

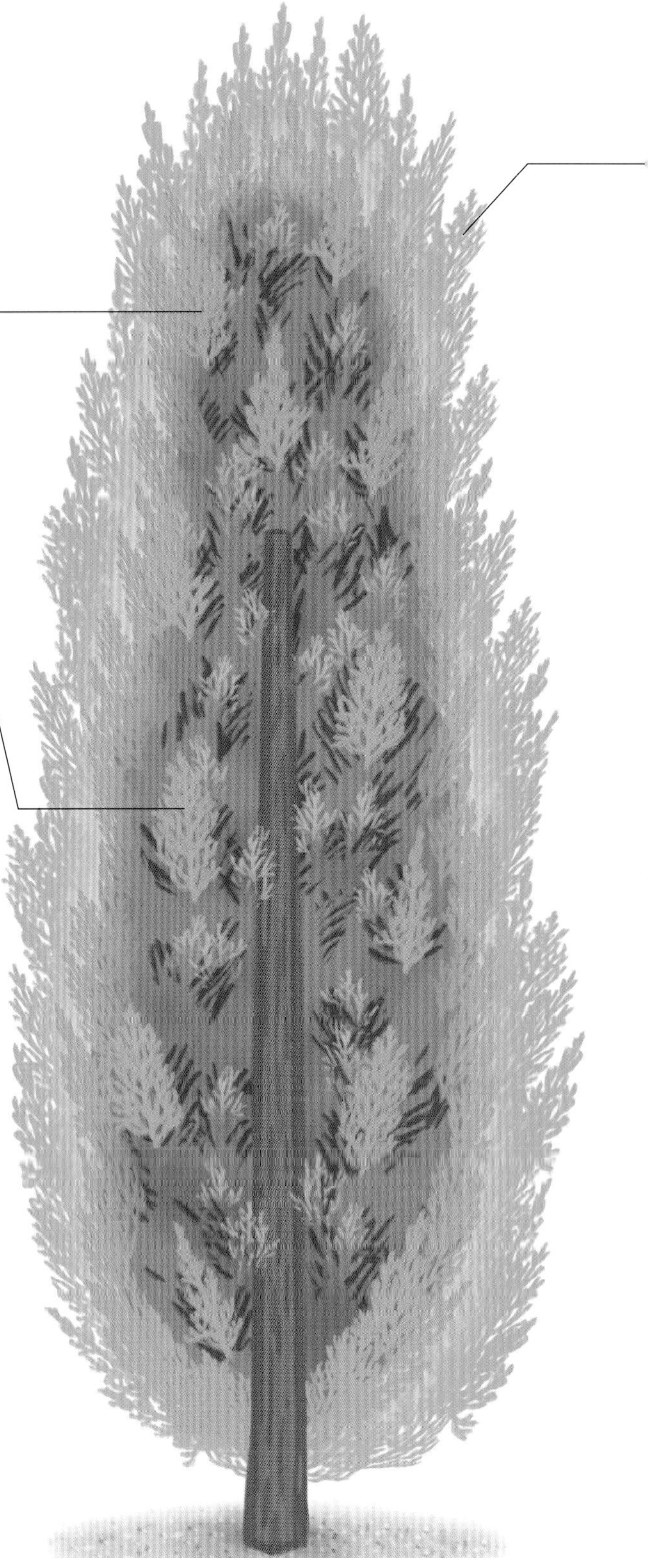

完成
横に飛び出した枝がない
蒸れて枯れた枝がない

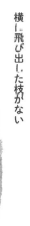

タケ・ササ類

大別すると、幹立ちのタケ、株立ちしやすいバンブー種、小型のササがあります。

基本データ

科　属　イネ科
タイプ　常緑
樹　形　幹立ち性、株立ち性
樹　高　1.5～10m

剪定カレンダー

剪定のポイント

タケ◆密集してきたら、古い稈を根元から切り取って間引く。
◆タケノコは取り除くが、稈を更新する際に必要なので適宜残す。
◆稈は高さ2～3mの節の上で切り取り、芯を止める。

ササ◆葉が茂りすぎたら刈り込みバサミで刈り込む。
◆クマザサなど葉の大きい種類は新芽（芯）が出てきたら抜き取る。
◆3～4年に一度、地際からすべて刈り取って更新する。

タケ・中型種の場合

ナリヒラダケ、ホテイチク、クロチクなど

通年剪定
4月中旬～5月中旬以外

1 芯を止める

高さを押さえたいときには、高さ2～3mくらいの節の上で切り、芯を止めます。数本並んでいるときは、稈《かん》（幹のこと）の高さを変えて切るとおもむきに変化が出せます。

2 タケノコを切り取る

タケ類は地下茎が伸びて、地下茎の節からタケノコが毎年出てきます。基本的には根元から取り除きますが、古くなった稈を間引いた後、新しい稈にするためのタケノコは適宜残しておきます。

3 古い稈を更新する

3～4年経つと稈が古くなり色あせるので、根元から切り取り、新しいタケノコを伸ばして更新します。

4 側枝を整理する

１つの節から出ている側枝の数が多いときは、側枝をつけ根から切り取って間引きます。残った側枝も、つけ根から２～３節残して切り取ります。切るときは、必ず節の上で切ります。

古く枯れた葉や
色あせた稈がなく、
青々とした葉が茂っている

＼完成／

稈が密集しすぎず、
涼しげに見える

夏
剪定
5～9月
（中旬）（中旬）

タケ・バンブー種の場合

ホウオウチク、スホウチク、コマチダケなど

2 葉を刈り込む

放任すると葉がよく茂るので、茂りすぎた葉は刈り込んで風通しをよくしてやります。樹冠から飛び出した側枝は、節の上で切り取ります。

1 芯を止める

バンブーは地下茎が短く小藪のようになるので、生け垣や、玉仕立てなどに向いています。高さを押さえたいときには、希望の高さの節の上で切り、芯を止めます。

3 葉を刈り込む

丈夫で刈り込みにも耐えるので、枯れ葉が目立ってきたり、背が高くなりすぎたときは好みの位置で刈り込みます。花壇に植えている場合などは、葉が縁にかぶらないように、葉を切り取ります。

3 古い稈を切って間引く

稈がたくさん密生してきたら、古い稈を根元から切り取り、藪の中に光や風が入るようにします。

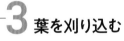

ササの場合

コグマザサ、チゴザサのほか、小型のタケ（オカメザサ）も同様に剪定する

通年剪定
4月中旬～5月中旬以外

1 新芽を刈り取る

ササ類のタケノコは毎年、前年の稈より高く伸びます。放任すると徐々に全体の草丈が高くなるので、高さがほかと揃うように刈り取ります。

2 新芽の芯を抜く

クマザサなど、葉が大きい種類では、新芽が見えてきたら抜き取っておくと高さを抑えることができます。

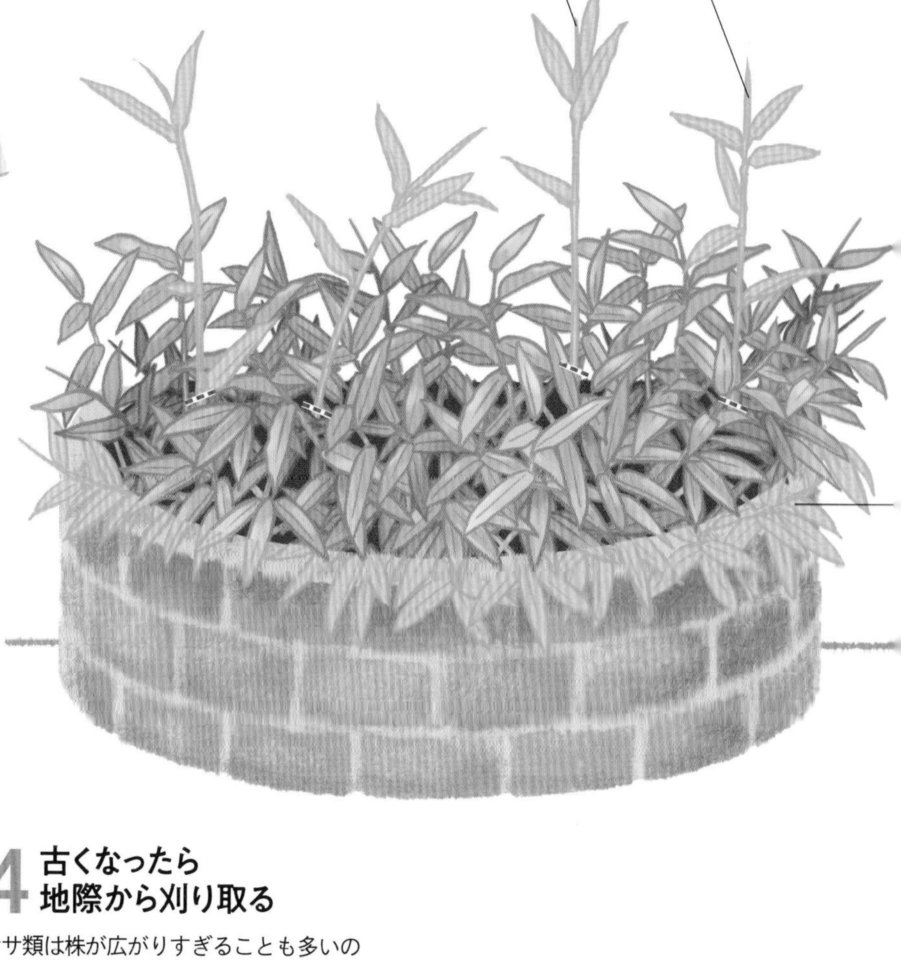

4 古くなったら地際から刈り取る

ササ類は株が広がりすぎることも多いので、３～４年に１度地際からすべて刈り込みます。地際からの刈り込みは３月または６月が適期です。

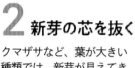

トウヒ属

コロラドトウヒ、ヨーロッパトウヒ、アカエゾマツなどがあります。

基本データ

科　属	マツ科トウヒ属
タイプ	常緑針葉樹
樹　形	幹立ち性
樹　高	1～30m

剪定カレンダー

(月)	
1	剪定
2	
3	
4	
5	
6	剪定
7	
8	
9	
10	
11	
12	

剪定のポイント

◆しっかり根を張ると生長が旺盛になり高くなるので芯を止める。
◆剪定は、横張りの枝が伸びすぎたときなどだけにとどめる。
◆あまり刈り込みすぎると葉が傷むので注意する。

※トウヒ属のドイツトウヒ、モミ属のウラジロモミも同じように剪定できる。

通年剪定
4月中旬～5月中旬以外

1 高さを抑えるときは芯を止める

樹高が高くなりすぎたり、あまり大きくしたくないときには、主幹を枝分かれしているところで切り、芯を止めます。枝の途中で切ると芯が立ちにくくなったり、枯れ込む原因になるので、なるべくつけ根で切ります。

OK

NG

2 混み合った枝を切る

混み合った枝は、樹冠の内側に伸びる枝や、下向きの枝など、樹形を乱す枝を枝分かれしているところで切ります。

3 枯れ枝を切り取る

内部にある枯れた枝はつけ根から切り取ります。

4 立ち枝を切る

枝を水平に広げる品種の場合は、上に強く伸びる立ち枝はつけ根から切り取ります。

5 下枝を切る

下枝があると見た目が損なわれるので、つけ根から切り落とします。

枯れた枝や葉がない

きれいなピラミッド型の樹形

※イラストはコロラドトウヒを例にしています。

ヒノキ属

ヒノキ、サワラ、ローソンヒノキなどがあります。イトヒバはサワラの園芸品種です。

基本データ

科　属　ヒノキ科ヒノキ属
タイプ　常緑針葉樹
樹　形　幹立ち性
樹　高　5～7m

剪定カレンダー

月	剪定
1	剪定
2	剪定
3	剪定
4	剪定（中旬まで）
5	剪定（中旬から）
6	剪定
7	剪定
8	剪定
9	剪定
10	剪定
11	剪定
12	剪定

(月)

剪定のポイント

◆剪定時期にかかわらず、樹冠から飛び出した枝は手で摘んでおく。
◆葉が黄金色や斑入りの園芸品種は、緑色の葉が出たら枝ごと切る。

※ローソンヒノキの園芸品種、ヒノキの園芸品種「オウゴンクジャクヒバ」、サワラの園芸品種「ゴールデンモップ」「ヒヨクヒバ」などは同じように剪定できる。

通年剪定
4月中旬～5月中旬以外

1 大きくなりすぎたものは主幹を切り戻す

大きくなりすぎたものは、主幹を2～3mの高さの枝の分かれ目で切り戻します。

2 枝を透かす

光が当たらないと枯れ込みやすいので、内部に光が入るように不要な枝や重なっている枝を切り取り、全体を透かします。

3 葉は切らない

剪定バサミで葉を切ってしまうと、切り口がいつまでも残って汚く目立ちます。必ず葉や枝のつけ根で切るようにします。ハサミを使わず手で摘んでもかまいません。手で摘まむ場合もハサミを使う場合も、枝には必ず緑の葉を残します。葉のない枝からは新しい葉が出ません。

NG

OK

4 内部の枯れ枝を切る

内部の細い枝は日陰になって枯れ込むことが多くなります。つけ根から切り取ります。

5 上部は強く、下部は軽く切る

円錐形に仕上げたいものは、上のほうの枝を強く切りつめ、下のほうは枝先を刈り込む程度にするとバランスがよくなります。

6 斑入り種に緑の葉が出てきたら切り取る

葉に斑が入る品種に緑だけの葉が出てきた場合は、つけ根で切って枝ごと取り除きます。

葉が流れるように
枝垂れている
完成
枝が透けて見え、
木が明るいイメージ

※イラストはイトヒバを例にしています。

ビャクシン属

幹立ち性はコロラドビャクシン、セイヨウネズ、匍匐性はハイビャクシンがあります。

通年剪定
4月中旬 5月中旬以外

1 主幹を1本にする

エンピツビャクシンの「スカイロケット」のような品種は、生長するにつれて数本の主幹ができてしまうので、若木のころから芯を1本に保つように側枝を切ります。

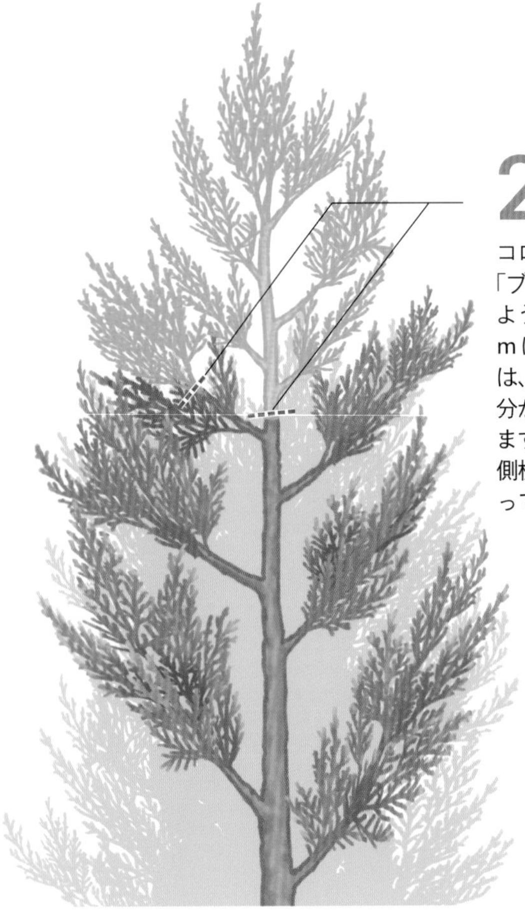

2 芯を止める

コロラドビャクシン「ブルーヘブン」のように数年で5～6mに生長する品種は、毎年主幹を枝の分かれ目で切りつめます。そのすぐ下の側枝も半分ほどに切っておきます。

3 枯れ枝や下枝を切る

内部の枯れ枝や樹冠からはみ出す下枝などは、つけ根から切り取ります。

※イラストはコロラドビャクシンを例にしています。

基本データ

科　属　ヒノキ科ビャクシン属（ネズミサシ属）
タイプ　常緑針葉樹
樹　形　幹立ち性、匍匐性
樹　高　3～5m

剪定カレンダー

(月)	
1	剪定
2	
3	
4	
5	
6	剪定
7	
8	
9	
10	
11	
12	

剪定のポイント

◆円錐形の樹形を保つように飛び出した枝を切る。
◆枝が混むと蒸れて葉が枯れるので、葉が重ならないよう整理する。
◆生長が速く樹高が高くなる品種は、春にいちばん高い主幹を切る。

※アメリカハイビャクシン「バーハーバー」（匍匐性）などは同じように剪定できる。

枝の切り方

匍匐性の場合

地面を這うように生長する匍匐性のビャクシンは、横に伸びた枝を切りつめて広がり過ぎないようにします。また、枝葉が重なると蒸れて下枝が枯れるので、重なった枝をつけ根から切り取ります。

4 横に飛び出す枝を切り取る

円錐形のタイプでも、数年経つと横枝が勢いよく伸びてきます。太くて勢いのよい横枝はつけ根で切り取り、比較的細めの側枝で円錐形の樹形を保ちます。

完成
側枝が広がらず
円錐形の
樹形を保っている
枝が重ならず、
枯れ枝がない

マツ

庭木では樹皮が赤いアカマツと灰黒色のクロマツ、5本葉のゴヨウマツが人気です。

基本データ

科　属　マツ科マツ属
タイプ　常緑針葉樹
樹　形　幹立ち性
樹　高　2〜15m

剪定カレンダー

月	剪定	
1	剪定	
2		
3		
4		緑摘み
5		
6		
7		
8		
9		
10		もみ上げ
11		
12		

(月)

剪定のポイント

◆夏は「緑摘み」で枝先に新しく伸びた芽を摘む。
◆冬は「もみ上げ」で、緑摘み後に伸びた枝の葉を半分摘み取る。
◆混み合う枝を間引いたり、不要枝を切る剪定は一年中できる。

※幹や枝を曲げる曲幹仕立てなど、樹形の整形は庭師に頼むほうがよい。

マツの新芽

1 緑摘みを行う

夏
剪定
4〜6月
(中旬)　(中旬)

緑摘みは新芽を摘む作業です。放置すると樹形が乱れるので、新芽のうちに摘み取ります。次のように行いましょう。

緑摘みのやり方 (1)

一般的な緑摘み

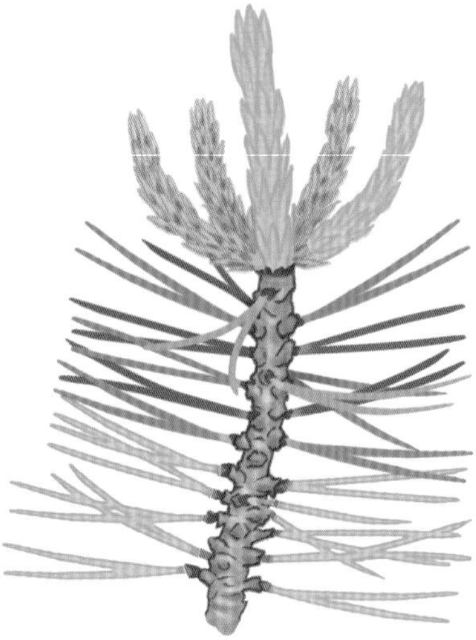

指を使って、まずは中心の長い新芽をつけ根から摘み取る。残りが3本になるようにほかの新芽もつけ根から摘む。葉は下のほうから半分ほどを取り除く。

残りの3本は芽の伸びを揃えるため、先端を3分の1〜3分の2ほど指で摘み取る。

緑摘みのやり方（2）

よりきれいに仕上げる緑摘み

イラストで紹介している一般的な緑摘みは、簡略した方法です。より美しくに仕上げたい場合は、芽の成長を揃えるため、５週間かけて次のような方法で行います。

１週目に一番小さい芽を摘み、２週目に次に小さい芽を摘む。３週目に３番目、４週目に４番目に小さい芽を摘み取る。最後の５週目で、残った新芽の３分の２くらいのところを手で折り取る。これにより、次に出る芽の大きさがそろって美しくなる。

写真は５週目の緑摘み。左が最後に残った一番大きな新芽で、その新芽が3分の１程度残るように指で摘まみ取ります。

マツの葉の悪い切り方

写真のように葉をひとまとめにして剪定バサミで切ると、切り口がいつまでも残ります。「針葉樹は金物を嫌う」といわれるのは、けして金属のハサミを使うなということではなく、こういう切り方をすると汚く見えるためです。

冬
剪定
10~12月
(中旬)

1 もみ上げをする

今年伸びた新しい葉を残して、古い葉を摘み取ります。これを「もみ上げ」といいます。

もみ上げ前の状態。長い葉が古いもので、先端の短い葉が今年伸びた新しいもの。

古い葉を指でつまんで、軽く引き抜くように摘まみ取る。

もみ上げをして新しい葉だけが残ったもの。

もみ上げで整った状態。

2 枝抜きをする

マツは生育が早く、ほっておくと枝がどんどん伸びます。伸びた枝はつけ根から切り取り樹形を保ちます。これを「枝抜き」といいます。枝抜きした部分ももみ上げを行います。

伸びた枝をつけ根で切って枝抜きをする。

枝抜きした枝は下向きにすると作業がしやすい。

枝の下半分につく古い葉を左右から摘まみ取る。

枝抜き、もみ上げをして新しい葉だけが残った状態。

3 枝は二又に整える

ひとつの節から数本の枝が出ることがあります。中心の枝を切って、二又になるようにすると、全体の樹形が整いやすくなります。

4 枯れ枝を切り除く

剪定せずに放置すると内部の枝葉が枯れ込んでしまいます。枯れ枝はつけ根から切って取り除きましょう。枯葉だけなら手で摘み取ることもできます。

＼完成／

枝抜きや緑摘みにより、樹冠に光や風が通る

もみ上げにより小枝が密に出た樹形になる

枝の切り方

放置した枝の処理

長い間剪定しないで放置してしまった枝は、新芽を出したい位置の葉の上で切りつめます。10～3月に可能な作業です。その後、切りつめた場所から新芽が出てきたら、緑摘み（➡P194）を行います。

剪定の疑問

Q 地植えの庭木にも肥料は必要ですか？

A　地植えの庭木は肥料がなくても育ちますが、肥料を与えることで、花つき実つきがよくなります。**肥料は木が休眠している冬に、有機肥料を与えましょう。**これを寒肥《かんぴ》といいます。冬のあいだにゆっくりと土のなかで分解され、春、木が動きはじめるころから効果が発揮されるというものです。

花や実がついた後、**木の勢いが弱った場合には、速効性の化成肥料を与えて樹勢の回復を図ることがあります。**これをお礼肥ともいいます。ただし、化成肥料は塩類を含むため、化成肥料だけを長年使い続けると土壌の栄養バランスがくずれて、植物の生育が悪くなります。木が枯れる原因になるため注意しましょう。

栄養や水分を吸収する細い根は、木の枝先の下の辺りより外側に多く分布しています。肥料を与えるときは、枝の広がった樹冠よりやや外側の下の辺りを浅く掘り、有機肥料を均等に置いたら、分解がすすむように土をかぶせます（⬇P21参照）。

植物に必要なおもな栄養素と肥料の種類は左図を参照してください。

肥料の種類

リン酸
花や実をつけるための栄養素
チッ素
枝や葉を育てる栄養素
P
N
植物に必要な三大栄養素
K
カリ
根や枝の生長を助ける栄養素

有機肥料

自然の動植物を材料にしてつくったもので、牛糞、鶏糞、馬糞、油かす、骨粉、草木灰などがある。

化成肥料

３大栄養素を人工的に合成してつくったもので、固形肥料と液体肥料がある。

配合肥料

野菜や花木、バラ用、果樹用など、目的に合わせて有機肥料や化成肥料を配合してつくったもの。

Q 「芯を止める」とはどういうことですか？

A　この場合の芯とは、主幹の先端のことを指します。**「芯を止める」とは、樹高を一定の高さに抑えるために、主幹の上部を切って木の生長を抑制することです。**庭木をあまり大きくしたくないときや、樹高が高くなりすぎた木を小さくしたいときなどに行う剪定です。

木は、横に伸びる枝よりも、上に向かって伸びる枝のほうが勢いがあり、生長スピードが速くなります。そのため、ある程度の高さになった庭木は、主幹や上に伸びる枝を定期的に剪定するにしましょう。

芯を止めても上に伸びる生育が止まるわけではありません。しかし、樹高が高くなりすぎるのを防ぎ、大きさを保つようにすると、管理もしやすくなります。

Q 枝垂れるタイプの木を剪定するコツはありますか？

A 多くの植物に枝垂れ樹形がありますが、モモ、ウメ、サクラなどはよく家庭に植えられます。枝垂れた枝葉が風に揺れる姿は趣があります。

枝垂れ樹形の木は、**枝が弧を描くような形に仕立てると美しく見えます。剪定では外芽の上で切るようにしましょう。**枝が外を向いて伸びてから下を向くようになりますので、幹と枝の距離が広がり、懐が大きくなります。

全体的には、下のほうの枝を長く多く残し、上に行くにしたがって数を減らすとバランスがよくなります。下のほうの枝でも、地面についてしまうようなものはつけ根で切り落とします。

真下に伸びる枝はつけ根できる。

枝垂れ種は上につくのが外芽。切るときは外芽の上で切る。

Q 台風のせいで、幹が折れてしまった木があります。枝が裂けたり、枯れてしまうのでしょうか？

A 枝や幹が裂けたり折れたりしたからといって、**枯れてしまうことはほとんどありません。**しかし、そのままでは見た目も悪いですし、落下などの危険もあるのですぐにケアをしましょう。

裂けたり折れたりした部分は、裂け目のヒビの影響がない最小限の位置で切り落とします。その際、いちばん近くにあるほかの枝との分かれ目部分で剪定しておくと、その後の生長で、自然な枝ぶりになってきます。

木全体が倒れてしまった場合は、根の周りを大きく掘り上げて、すぐに埋め戻し、支柱を立てておきます。ただし、倒木により、根や**幹に大きな損傷があったものは回復の可能性も低くなります。**

台風の被害を防ぐために、普段から剪定をして風通しをよくしておくことが大切です。**台風の予報が出たら、長く伸びている枝や混み合って風通しが悪くなっている木は剪定しておきましょう。**中・高木は、支柱を立てるのも有効です。特に、アカシア、サクラ、コニファー類（針葉樹）などは強風に弱い樹種です。台風時は風対策を忘れないようにしましょう。

ヒビの影響がない位置で、かついちばん近いほかの枝との分かれ目で切る。

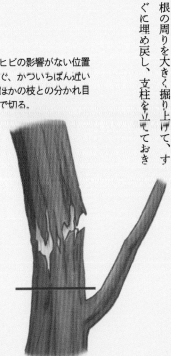

Q 剪定を放置していた木が、思った以上に大きくなってしまいました。思い切って低い位置で切ってしまっても大丈夫でしょうか？

A

大きくなりすぎた木を小さくするために、「芯を止める」必要があります。ただし、**低すぎる位置で枝や幹をばっさりと切り落としてしまうのは避けたほうが無難です。**樹木は、太い枝や幹を一度に切ってしまうと、その刺激によって体内バランスを崩し、一気に強い枝をたくさん伸ばします。つまり、ぶつ切り状態になった木の切り口から、大量の徒長枝が暴れるように飛び出てしまうということです。切り落とした後の見た目も悪いですし、そのあとの樹形も乱れます。

それを防ぐには、**その樹木の自然樹形を保ちながら、毎年少しずつ主幹の芯を切りつめていくことです。**

落葉樹と針葉樹は12～2月の落葉期と休眠期、常緑樹は新芽の生長が落ち着く6月～7月上旬と10月ごろが小さくする剪定の適期となります。

自分で手がつけられないほど大きくなってしまったものは、伐採という選択肢もあります。その場合は、専門家に相談するほうがよいでしょう。

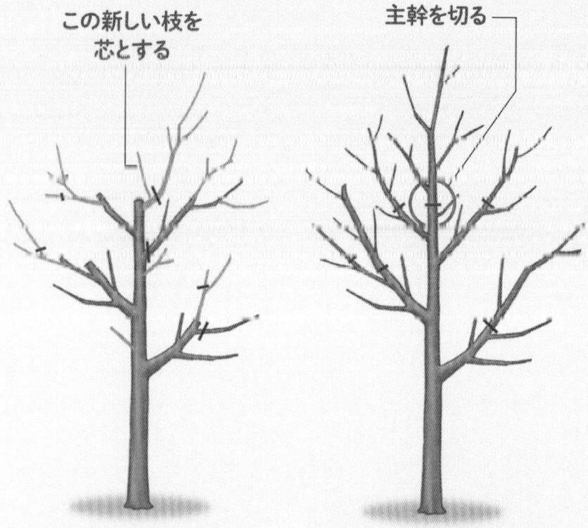

1年目の剪定

樹高の３分の１程度を目安にして主幹を切る。残った太い枝は、強く切り詰めずに、長さのバランスを見ながら枝分かれしている位置で切る。不要枝（➡P25）はつけ根から切り落とし、全体の風通しをよくする。

2年目の剪定

翌年、主幹の切り口からは新しい枝が伸びるので、上に伸びる枝でいちばん低い位置から出ているものを新しい芯とするように剪定する。毎年、芯の高さを保つようにしていけば、大きくなりすぎるのを防げる。

Q 旧枝咲きと新枝咲きとはなんでしょうか？剪定方法に違いがありますか？

A

旧枝咲きは、前の年に伸びた枝にすでに花芽が準備されていて、翌年花が咲くタイプで、前年枝咲きともいいます。このタイプは、花後すぐ、次の花芽ができる前に剪定します。冬の剪定では、その年に伸びた枝は、混み合った部分を間引く程度にとどめます。コブシなどモクレンの仲間、アジサイ類、ツバキやサザンカ、ナツツバキ、ライラックなど、花木の多くは旧枝咲きです。

一方、新枝咲きは、春からその年に伸びた枝に花芽ができて、初夏～夏・秋に花が咲くものです。このタイプは12～3月にかけて剪定しても、翌年も花が見られます。サルスベリやムクゲ、アメリカアジサイのアナベル、コムラサキ、アベリアなどがこのタイプです。

Q 苗木から生け垣をつくりたいのですが、コツはありますか？

A 苗木は小さく枝葉も少ないからと数年放置してしまうと、いざ剪定をしようとしたときに、思うような樹形がつくれなくなってしまうことがあります。成木になる前の苗木、若木のうちから枝ぶりを確認し、どちらのほうに伸ばしていくのかを考えながら不要な部分を切り戻し、理想の形に近づけていくことが大切です。生け垣を仕立てる場合は、左のように剪定して密度の高い生垣を目指しましょう。

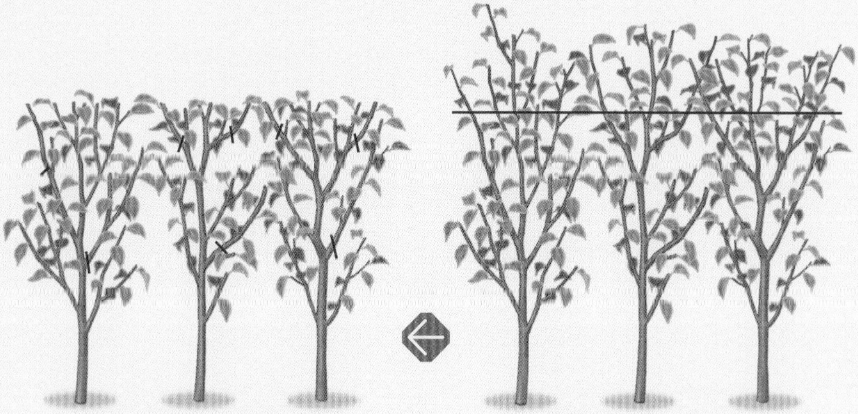

❶ 仕上がりの高さより低い位置で刈り込む

苗木を植えたら、仕上げたい高さより30㎝ほど下で一度強く刈り込む。これにより、生け垣の下の部分の枝葉の萌芽が促され、よく茂った生け垣になる。

❷ 太く勢いのある枝を切り戻す

①を行うのと同時に、太く勢いのある枝を深く切り取ることで、さらに下部の幹や枝から小枝が均等に出て、木と木の間が枝葉で埋まり、きれいな生け垣になる。

Q 枝葉のつき方にムラがあります。なぜでしょうか？

A 木の生長は全体として均一ではなく、全体が同じよう育つわけではありません。場所ごとに生長の差や違いがあります。たとえば、日のよく当たる側とそうでない側では、生育のスピードも枝葉の量も変わってきます。上のほうは生育が早く、下のほうは遅いという、もともとの木の性質も関係しているでしょう。一般的に日当たりのよい上部が最もよく生育し、枝葉もよく茂ります。

庭木が植えられている環境、向きなどをよく観察してください。まんべんなく剪定するのではなく、各所の生育の度合いを見て、切り戻しや刈り込みの強弱を考慮すれば、ある程度はムラなく仕立てられます。

Q 剪定した枝はどのように処分したらよいですか？

A 通常は、住んでいる地域の自治体の処分方法に従い、規定の長さに切り揃え、紐などで束ねて燃えるゴミとして処分します。一度に大量の枝を出すと、多量ゴミの扱いで有料になるところもあるので、ルールを確認しておきましょう。自治体によっては、無料で引き取り、専用の機械で粉砕して、マルチング材などに再利用しているところもあります。

たき火は条例で禁止している自治体もあります。禁止でなくとも煙や匂いが近隣への迷惑となり、延焼の危険もあります。トラブルにならない方法で処分しましょう。

手入れと剪定に役立つ 園芸用語

あ

◆アーチ仕《じ》立《た》て

中央が上方にふくらんで曲線をなすアーチ（弓形）のような形に仕立てること。アーチにつる性植物を這わせたり、生垣などをアーチ型に刈り込んだりする。

◆生《い》け垣《がき》

並べて植えた樹木を刈り込み、形を整えてつくる垣根。敷地の境界にしたり、目隠しの役割がある。刈り込みに耐える常緑樹や、枝が密になる落葉樹（ドウダンツツジなど）を使う。

◆一《いっ》季《き》咲《ざ》き性《せい》

年に一度一定の期間だけ咲く性質および、その性質をもつ植物のこと。これに対して一年中花を咲かせることができる性質を四季咲き性という。バラなどのように、もともと一季咲きのものが品種改良によって四季咲きになっているものもある。

◆陰《いん》樹《じゅ》

アオキ、ツゲ、アスナロなどのように直射日光を避け日陰や半日陰を好んで生育する樹木。日照が少なくても生育する耐陰性があるとされる。これとは反対に日向を好む樹木を陽樹《ようじゅ》という。

◆植《うえ》木《き》

庭や鉢に植えて観賞や造園のために用いられる木。植えられる目的の樹木全般をさす。

◆内《うち》芽《め》

芽の先端が内側（幹の側）に向いている芽のこと。これに対して外側に向いているものを外芽《そとめ》という。内芽は伸びる力が強く、樹形を乱すことが多いため、剪定では外芽の位置で切るようにすることが基本。

◆上《うわ》枝《えだ》

木の上のほうの枝のこと。「ほつえ」と呼ぶこともある。

◆腋《えき》芽《が》

わき芽、側《そく》芽《が》ともいい、葉のつけ根や茎、幹の途中から出る芽のこと。

◆枝《えだ》変《が》わり

ある植物が突然変異によって一部の枝葉、花、果実だけにその種とは違う性質が生じるもの。葉変わりということもある。

◆園《えん》芸《げい》品《ひん》種《しゅ》

特定の植物を交配などで人為的に育てやすくしたもの。または自然の中の自生種が変化し、園芸的に美しく、価値があるもの。

◆雄《お》株《かぶ》

雌雄異株の植物で雄花だけをつける株のこと。

か

◆開《かい》花《か》枝《えだ》

花が咲いた枝、または花をつける枝のこと。

◆開《かい》花《か》期《き》

植物に花が咲いている時期のこと。開花期は植物ごとにだいたい決まっている。

◆隔《かく》年《ねん》開《かい》花《か》

花を咲かす木の中で、一年おきに開花する性質のあるもの。隔年開花の樹種は少ない。

◆隔《かく》年《ねん》結《けっ》果《か》

ここでいう結果は実がなること。果樹などで実がよくなる年と実がつかない年が一年おきに交互にくることを隔年結果という。実が多くついた枝は、翌年は花芽ができにくい性質があることから起こる。カキ、ウメ、ミカンなどは隔年結果が起きやすい。

◆花《か》序《じょ》

花のつき方にはひとつの花が茎の先につくものや複数の花がまとまってつくものなどがあり、このよう枝の上での花の並び方を花序という。

◆株《かぶ》立《だ》ち

1本の木の根元が複数に分岐し、地際から複数の幹が立ち上がるように育つ樹形のこと。

◆株《かぶ》元《もと》

植物が土に触れている地際の部分。植物の根元のこと。

◆花《か》穂《すい》

花序の種類のひとつ。稲穂のように、細長い花軸に小花が群がってつく花序のこと。

◆絡《から》み枝《えだ》

ほかの枝と絡み合って生長した枝のこと。樹形を乱すもとになるので、交差している部分のいずれかを剪定するのがよい。

◆刈《か》り込《こ》み

剪定方法のひとつで、木の高さや形を整えるために、刈り込みバサミなどで枝葉を均一に切りそろえる剪定のこと。芽の方向などは考慮せずに行う。玉仕立てや円錐形仕立てなどは、刈り込みでつくり上げる人工樹形。樹種により、刈り込みに耐えられるものと刈り込みをすると弱ってしまうものがある。

◆強《きょう》剪《せん》定《てい》

枝葉を整えるのでなく、生育を促すために枝や幹などを短く切り詰めたり、たくさんの枝や芽を切り落としたりする剪定のこと。深い剪定ともいう。強剪定では、剪定する部位や時期がその植物にあっているかを確かめてから行うことが大切。

◆切《き》り戻《もど》し

剪定方法のひとつで、長く伸びすぎた枝や茎を途中で切り落として、枝を短く切り詰めること。木の大きさ維持したり、小さく仕立て直したりするときに行う。脇枝の生長を促す剪定でもある。切り詰めともいう。

◆車枝《くるまえだ》

一カ所から円を描くように四方に枝が3本以上生えている枝。風通しが悪くなり、樹形を乱すもとになるので、一本かまたは全部を切り落とす必要がある。

◆交《こう》差《さ》枝《えだ》

絡み枝ともいい、幹やほかの枝と交差して伸びた枝のこと。

◆更《こう》新《しん》

古くなった枝を切り、新しく伸びた枝を育てること。株立ちの樹木で、古くなった幹を地際から切り取り、ひこばえを新しい幹に育てて株を仕立て直すことを「株を更新する」という。植物を若返りさせる効果がある。

◆高《こう》木《ぼく》

般に高さが3メートル以上あり、作業用の車やハシゴを要する、丈の高い木のこと。

◆広《こう》葉《よう》樹《じゅ》

平たく表裏のある葉をもつ樹木のこと。広葉樹には冬になると葉を落とす落葉広葉樹（カエデ、ハナミズキ、ナツツバキなど）と、通年、葉をつけたままの常緑広葉樹（ツバキ、サザンカ、シラカシなど）とがある。

◆互《ご》生《せい》

葉のつき方で、枝の左右両側に枚ずつ交互に出るもの。多くの植物は互生である。

◆コニファー

針葉樹を意味する英語で、本来はヒノキやマツなど針葉樹全般の総称であるが、日本では欧米から入ってきた園芸品種の針葉樹をさすことが多い。自然と丸い樹形をなすものや円錐形になるもの、匍匐性のものなどタイプはさまざま。コロラドビャクシン、ニオイヒバ、イトスギ、コロラドトウヒなどがある。

◆混《こん》合《ごう》花《はな》芽《め》

植物の芽には、花を咲かせる花芽と、葉や枝になる葉芽があるが、ひとつの芽の中に両方の性質が混在しているものを混合花芽という。混合花芽に対して、花を咲かせるだけの花芽は純粋花芽と呼ばれる。バラ、アジサイ、フジ、キウイフルーツなどは混合花芽であり、ウメ、モモ、サクラなどは純粋花芽である。

さ

◆逆《さか》さ枝《えだ》

外に伸びる枝の方向とは逆に、内側に向かって伸びた枝のこと。内向き枝ともいう。一般には、剪定する対象となる。

◆下《さが》り枝《えだ》

枝から下の方向に向かって伸びた枝。下《か》垂《すい》枝《し》ともいう。

◆四《し》季《き》咲《ざ》き性《せい》

生育に必要な最低気温以上であれば、四季に関係なく一年中花芽をつけ、何度もくり返して花を咲かせる性質および、その性質をもつ植物のこと。これに対して、年に一回、ある期間にだけ花を咲かせる性質を一季咲き性という。

◆自《し》然《ぜん》樹《じゅ》形《けい》

樹木は樹種ごとにほぼ決まった樹形に生長する。自然樹形とは手を加えずに自然のまま生育させた外形のことだが、庭木の場合は、自然の姿らしく見えるように、枝を間引きしながら整えた樹形をさす場合もある。

◆下《した》枝《えだ》

木の下のほうの枝のこと。「したえ」「しずえ」と呼ぶこともある。

◆弱《じゃく》剪《せん》定《てい》

樹形を大きく崩さないように、枝先だけを剪定すること。浅い剪定、軽い剪定ともいう。

◆雌《し》雄《ゆう》異《い》株《しゅ》

雄花だけをつける雄株と、雌花だけをつける雌株がそれぞれ分かれて存在している植物のこと。これに対して、ひとつの株に雄花と雌花が共存しているものを雌雄同株という。

◆雌《し》雄《ゆう》異《い》花《か》

ひとつの花に雄しべ、または雌しべのいずれか一方しかない植物のこと。単性花ともいう。これに対し、ひとつの花に雌しべと雄しべ両方ついているものを両性花という。

◆主《しゅ》幹《かん》

樹木の支柱となる一番太い部分、木の幹のこと。

◆樹《じゅ》冠《かん》

植物の地上に見えている部分で、枝や葉が上や左右に伸びて、冠状に茂っている部分のこと。

◆樹《じゅ》形《けい》

幹や枝がつくる樹木全体の外形。

◆樹《じゅ》高《こう》

樹木の高さ。立木の状態で地面から樹冠の先までの高さ。

◆主《しゅ》枝《し》

主幹から直接枝分かれし、木の骨格をなす太い枝のこと。主枝から出る枝は側《そく》枝《し》という。

◆主《しゅ》木《ぼく》

庭の中心となる木のこと。シンボルツリーともいう。

◆常《じょう》緑《りょく》樹《じゅ》

一年を通じて、つねに緑の葉を保っている樹木。葉が落ちにくい性質だが、秋または春に2～3年前の葉だけを落とす。

◆芯《しん》

植物の芽の一番先端、または主幹や主枝の先端部分のこと。

◆人工樹形《じんこうじゅけい》

枝葉を刈り込んだり、枝を曲げたりして人工的な姿に仕立てた樹形のこと。

◆新梢《しんしょう》

最も新しく伸びた枝のことで、一年枝、一年生枝ともいう。

◆針葉樹《しんようじゅ》

針のように細長い葉をもつマツやスギなどの裸子植物毬果植物門の樹木のこと。

◆スタンダード仕立《じた》て

幹をまっすぐに伸ばし、下部の枝を全部切って、頂部の枝葉だけ残して茂らせ、球形や傘形などに仕立てたもの。トピアリーの一種。

◆整枝《せいし》

開花や実のつきを促進するために、枝の先端を切ったり（摘芯）、不要な枝（わき芽）を切り取ったりしながら樹形を整える作業のこと。

◆前年枝《ぜんねんし》

冬の休眠期を越えて木質化した枝のこと。2年目を迎え、春に伸び始めた枝を一年枝といい、その前年からある枝が前年枝である。二年枝ともいう。前年枝がさらに年を越すと前々年枝（三年枝）となる。

◆側芽《そくが》

葉のつけ根、幹や茎の途中から出る芽。わき芽、腋芽《えきが》ともいう。

◆側枝《そくし》

主枝から出る枝。

◆外芽《そとめ》

芽の先端が外側に向いている芽のこと。生長すると枝が外側に向かって伸びる。内側に向く芽は内芽《うちめ》という。

た

◆対生《たいせい》

葉や枝のつき方で、節に2枚ずつ枝を中心にして、左右で対をなして向き合うように出ているもの。

◆立《た》ち枝《えだ》

枝は普通、横に伸びるものであるが、それが上に伸びたものをいう。立ち枝は樹形を乱すので剪定される。

◆玉仕立《たまじた》て

刈り込みでの仕立て方のひとつで、1本の樹木をひとつの球形や反球形の形に刈り込んだもの。サツキ、イヌツゲ、ツツジなどでよく行われる。これに対して、幹から出る複数の主枝の先端をそれぞれ玉仕立てにし、幹のまわりに複数の玉を散らしたように配置したものを玉散らし、または散らし玉仕立てという。

◆短枝《たんし》

樹木で、節と節の間が極端に短い枝のこと。

◆頂芽《ちょうが》

茎や枝、幹の最も先端にある芽のこと。

◆長枝《ちょうし》

樹木で、節と節の間が長く、葉が適度についた長い枝のこと。通常の生長で長く伸びている枝は長枝である。

◆直立性《ちょくりつせい》

樹形タイプのひとつで、枝が上に向かって伸びる性質、またはその性質をもつ樹木のこと。ほかに、半直立性、横張り性、半横張り性など枝の伸び方によりタイプがある。

◆低木《ていぼく》

灌木《かんぼく》ともいい、普通は樹高が3メートル以下の樹木を総称していう。1メートル未満のものは小低木と呼ばれる。

◆摘果《てきか》

果樹において、果実がまだ小さいときに間引くこと。実を大きくするためや、果実の量を制限して樹勢の衰えを防ぐためなどに行われる。

◆摘花《てきか》

開花した前後に花を摘んで間引くこと。実の収穫量を制限したり、株の消耗を防ぐために行われる。咲き終わった花を摘むことは花がら摘みという。

◆摘蕾《てきらい》

つぼみを摘むこと。開花する花数を減らし、花数を制限することで、株の消耗を防ぎ、花や実を大きく育てるのが目的。株が小さいうちは、株の生長を優先するために、つぼみをすべて摘むこともある。

◆照《て》り葉《は》

ツバキなどのように表面に光沢があり、つやつやしている葉のこと。

◆胴吹《どうぶ》き

幹の途中から直接細い枝が出ること、またその枝。幹吹き枝ともいう。胴吹きはよく成長しないが、木の養分を奪い、樹形を乱すので、根元から剪定される。

◆徒長枝《とちょうし》

樹木の幹や太い枝から上の方向にまっすぐ長く伸びる枝。徒長枝は樹形を乱し、花芽をつきにくくするので、剪定される。

◆トピアリー

植物を立体的に形づくった造形物のこと。常緑樹などを刈り込んで形づくるものと、フレームにツタなどを這わせて形づくるものなどがある。

◆トレリス

庭に用いる柵のこと。木製や鉄製があり、形状も格子状やアーチ型のものなどさまざまなデザインがある。

な

◆二季咲《にきざ》き性《せい》

年に2回春と秋などに花が咲く性質、また、その植物のこと。

は

◆花《はな》がら摘《つ》み

咲き終わってしおれた花を花がらといい、これを摘むこと。落ちた花がらは腐敗し、病気も発生させるもとになる。開花期間の長い植物は、花がらに種ができることで栄養を取られて株が弱り、花のつきも悪くなったりるので摘まれる。

◆花芽《はなめ》
生長すると花を咲かせる芽のこと。葉芽と比べると、ふっくらと丸みを帯びたものが多い。「かが」と呼ばれることもある。

◆花芽分化《はなめぶんか》
植物の新芽は生長の過程で、葉や枝になる葉芽と、花になる花芽に分かれるが、芽が花芽に形成されること花芽分化という。花芽分化の起こる時期を花芽分化期といい、花芽分化期は植物によって異なる。「かがぶんか」と呼ばれることもある。

◆葉芽《はめ》
生長すると葉や枝（茎）になる芽のこと。花芽と比べると、小さく細めのものが多い。「はが」と呼ばれることもある。

◆半常緑《はんじょうりょく》
常緑でありながら、地域によっては落葉することがある植物を半常緑、その樹木を半常緑樹という。

◆半《はん》つる性《せい》
茎がつるのように伸びる性質、またその植物。

◆半日陰《はんひかげ》
一日のうち数時間日が当たる場所のこと。午前中だけ日が当たるような場所。建物の東側などがその例。

◆ひこばえ
樹木の切り株や根元から生えてくる若芽。ヤゴやシュートともいう。ひこばえは親木には必要ないので、基本はすべて切り落とされる。

◆斑入《ふい》り葉《は》
斑入りとは、葉や組織の細胞内に含まれる葉緑素がすべてあるいは部分的に失われることで、斑入り葉は、緑色の葉の一部が白や黄色、赤の模様になっているもの。

◆複芽《ふくが》
一カ所に芽が二つ以上かたまって出ること、またその芽。

◆節《ふし》
茎で葉がつくところ。節と節の間を節間《せっかん》という。

◆ふところ枝《えだ》
主幹や枝元から伸びて内部に向かう弱々しい枝。枝が混み合う原因となる。

◆不要枝《ふようし》
文字通り不要な枝のこと。不要枝は樹形を乱し、風通しを悪くするなど木の成長をさまたげる。

◆分枝《ぶんし》
わき芽が伸びて、枝分かれすること。

◆萌芽《ほうが》
樹木の新しい芽が出ることをいうが、種子が発芽することを萌芽ということもある。芽吹き、芽生えと同じ意味。

◆ポール仕立《じた》て
円筒形の支柱や丸太などポール状のものを使って植物のつるをからませること。

◆保護剤《ほござい》
枝の切り口や切り株、接ぎ木した部分に塗って被覆する薬剤。傷口を保護し、枯れ込みや病気を予防する。癒合剤《ゆごうざい》ともいう。

ま

◆間引《まび》き
込み合っている不要な枝を切り取って、間隔を広げること。実生した苗の数を減らして間隔をあけることも間引きという。

◆幹《みき》
木質化した茎で、木の主軸となる最も太い部分。高木ではそこから枝が出る。

◆実生《みしょう》
種子から発芽させて苗をつくること、また種子から発芽したばかりの植物のこともいう。

◆芽《め》かき
不要なわき芽を摘み取ること。枝数を減らしたいときや、花芽の数を減らして大きな花を咲かせたいときに行う。

◆雌株《めかぶ》
雌雄異株の植物で雌花だけをつける株のこと。

や

◆誘引《ゆういん》
植物の茎やつるを支柱に巻きつけて、茎などを伸ばしたい方向に導いたり、草姿のバランスを整えること。

◆陽樹《ようじゅ》
生育に最低限必要な光合成の量（日光量）が比較的多い樹木。これに対して日光量が少ないものを陰樹《いんじゅ》という。

ら

◆落葉樹《らくようじゅ》
通常一年以内に枯れる葉をもち、決まった季節（通常冬）にすべての葉を落として休眠状態に入る樹木のこと。落葉樹の大半は広葉樹だが、カラマツ、メタセコイア、イチョウのような針葉樹の一部にも落葉樹がある。

◆両性花《りょうせいか》
ひとつの花に雄しべと雌しべの両方をもつ花のこと。

わ

◆矮性種《わいせいしゅ》
本来の樹高より著しく低い系統の種のこと。矮性種は遺伝的にあるが、矮化剤処理や接ぎ木で人為的にもつくられる。

◆わき枝《えだ》
主な幹や茎から横に向かって出る枝。斜め上方に伸びる植物が多いが、斜め下に垂れ下がるものもある。側枝《そくし》と同じ。

◆わき芽《め》
葉や茎のつけ根から出る芽。側芽《そくが》、液芽《えきが》ともいう。

樹木索引

ア

カ

サ

川原田邦彦（かわらだ　くにひこ）

1958年・茨城県生まれ。園芸研究家。大正6年創業の園芸店・確実園園芸場オーナー。（社）日本植木協会会員。東京農業大学造園学科を卒業後、樹木の育苗、造園などを手がけ、特にアジサイの収集と研究には定評がある。テレビ、ラジオ、雑誌などのほか、各地で園芸講座、植木講座の講師を務めるなど幅広く活動する。著書には『12か月栽培ナビ アジサイ』『よくわかる栽培12か月 フジ』『新版・園芸相談 庭木・花木』（すべてNHK出版）、監修書には『庭木・植木図鑑』（日本文芸社）、『落葉樹・常緑樹の整枝と剪定』（永岡書店）、『見てわかる花と植木の殖やし方』（誠文堂新光社）などがある。

撮影・取材協力　確実園園芸場
日比谷花壇大船フラワーセンター
佐田弘恵

イラスト　磯村仁穂
撮影　牛尾幹太 (KantaOFFICE)、中居惠子、倉本由美
デザイン　佐々木容子 (カラノキデザイン制作室)
執筆協力　中居惠子、高橋正明
編集協力　倉本由美 (ブライズヘッド)

はじめてでも美《うつく》しく仕《し》上《あ》がる 庭木《にわき》・花木《はなき》の剪定《せんてい》

監修者　川原田邦彦
発行者　若松和紀
発行所　株式会社 西東社
〒113-0034　東京都文京区湯島2-3-13
https://www.seitosha.co.jp/
電話　03-5800-3120（代）
※本書に記載のない内容のご質問や著者等の連絡先につきましては、お答えできかねます。

ISBN 978-4-7916-2782-0